논술과 함께하는

우리속담이야기 34가지

_____ 에게

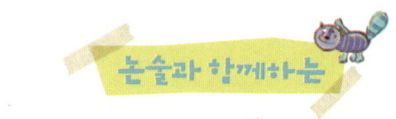
우리속담 이야기 34가지

2005년 11월 22일 초판 1쇄 발행
2014년 4월 15일 초판 8쇄 발행

지은이 | 초등논술교사모임 **그린이 |** 정행실 **펴낸이 |** 구성모 **기획 |** 한정영
편집 | 김보경 · 김인혜 **디자인 |** 황인옥 **마케팅 |** 우종갑 · 조미영 · 최명선
펴낸곳 | 늘푸른아이들 **주소 |** 서울특별시 강남구 삼성동 101-4
전화 | (02)545-9915, 9916(영업부) · (02)543-9574(편집부) **팩스 |** (02)548-9566
E - mail | greenibook@naver.com, greenibook@greenibook.com
홈페이지 | www.greenibook.com **출판등록 |** 2002년 9월 5일 제16-2804호

ISBN 978-89-90406-57-6 73810

ⓒ 2007 늘푸른아이들
※잘못된 책은 바꾸어 드립니다.

늘푸른 생각주머니 ⑲ 재치있는 책읽기 앞서가는 미래

논술과 함께하는
우리 속담 이야기 34가지

초등논술교사모임 엮음

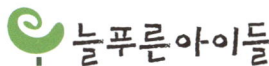

이렇게 해 보세요

어휘 익히기

어휘는 글쓰기와 논술의 가장 기본이 되는 요소입니다. 영어를 공부할 때에도 어휘를 풍부하게 알고 있어야 외국인과 자유로운 대화를 할 수 있듯 우리말의 글쓰기나 논술에서도 어휘를 익히는 것은 논술을 준비하는 학생들이 가장 먼저 해야 할 준비입니다. 단어를 다양하게 사용할 줄 알고, 여러 가지로 활용할 줄 아는 것이 어휘를 풍부하게 갖추는 방법임을 잊지 마세요.

문장연습

역시 글쓰기와 논술을 잘 하기 위해선 자주 반복하고 연습하는 방법밖에 없습니다. 글을 읽으며 문장의 구조도 배우고 짧은 문장은 반복해서 써 보는 연습을 해 보세요. 자신의 글이 금방 달라졌음을 알 수 있을 것입니다.

줄거리 파악하기

논술 문제는 대체로 글을 제시하고 그것을 바탕으로 하는 경우가 대부분입니다. 줄거리를 파악하는 것은 그 글의 의미를 정확히 파악하는 일입니다. 정독의 요령을 익히고 줄거리를 머릿속에 넣는 방법을 익혀보세요.

예측하기

'나'라면 이 글을 어떻게 쓸 것인가? 제목만 던져 주고 글쓰기를 시키면 아주 난감하지요. 우선은 선생님이 써 놓은 글을 읽으며 연습해 보세요. 예측하는 능력은 보다 세련된 논술의 감초와도 같은 것이랍니다.

제목짓기

제목짓기가 왜 필요하냐구요? 제목은 그 글 전체를 대표하는 핵심적인 단어이자 주제이기도 합니다. 말하자면 제목짓기는 그 글을 얼마나 정확하게 이해하고 있느냐를 묻는 질문이기도 하지요. 정확하게 읽고 정확한 제목을 짓는 방법을 연습해 보세요. 여기에 익숙해지면 주어진 제목으로 글을 짓는 일이 아주 수월해질 겁니다.

논리적으로 설명하기

조리 없이 말하는 사람보다 논리적으로 또박또박 말하는 사람이 더 똑똑해 보이지요? 논술도 마찬가지입니다. 주제와 관련이 없는 말을 써 놓거나, 앞뒤의 논리성이 없는 글은 아주 흉해 보일 때가 많습니다. 논리를 배우는 길은 논술의 마지막 관문이랍니다.

차 례

1장 어휘 익히기

1. 계란에도 뼈가 있다 …… 009
2. 뛰는 놈 위에 나는 놈 있다 …… 020
3. 내 땅 까마귀는 검어도 귀엽다 …… 026
4. 말꼬리에 파리가 천리 간다 …… 030
5. 미운 놈 떡 하나 더 주라 …… 034
6. 의심은 병 …… 040

2장 문장연습

7. 닭 쫓던 개 지붕 쳐다본다 …… 047
8. 수염이 석 자라도 먹어야 양반 …… 054
9. 신선놀음에 도끼자루 썩는다 …… 060
10. 꿩 구워 먹은 자리 …… 068
11. 무쇠도 갈면 바늘이 된다 …… 074
12. 삶은 소가 웃다가 꾸레미 터지겠다 …… 080

3장 줄거리 파악하기

13. 개구리가 올챙이 적 생각 못 한다 …… 087
14. 간에 붙고 쓸개에 붙는다 …… 094
15. 귀신이 곡할 노릇 …… 102
16. 큰코 다칠라 …… 114
17. 엎질러진 물은 주워 담을 수 없다 …… 126

4장 예측하기

18 남을 위해 초롱불을 켠다 …… 133
19 결백하기는 황 정승이라 …… 138
20 귀한 자식 매 한 대 더 때려라 …… 142
21 남의 장단에 춤춘다 …… 146
22 남아일언 중천금이라 …… 150

5장 제목짓기

23 개똥밭에서 인물 난다 …… 157
24 구관이 명관 …… 162
25 티끌 모아 태산 …… 168
26 제 버릇 개 못 준다 …… 174
27 저 먹자니 싫고 남 주자니 아깝다 …… 180

6장 논리적으로 설명하기

28 남의 눈에 눈물 나게 하면 내 눈에는 피눈물이 난다 …… 185
29 네 쓸개와 내 사향 …… 192
30 남의 밥그릇이 더 커 보인다 …… 196
31 꿀 먹은 벙어리라 …… 202
32 포수집 강아지 범 무서운 줄 모른다 …… 206
33 좍작 먹고 가늘게 싸라 …… 212
34 욕심이 사람을 죽인다 …… 218

엄마와 선생님이 도와 주는 논술 교실

1장_ 어휘 익히기

좋은 글을 쓰기 위해서 가장 먼저 필요한 것은 많은 어휘를 익히는 것입니다. 어휘를 익힐 때에는 사전적인 의미를 정확히 알아야 할 뿐만 아니라, 그 낱말과 관련된 다른 낱말을 함께 익혀야 하고, 여러 가지 상황에서 자유롭게 사용할 수 있어야 합니다. 논술에서는 '어휘력'이라는 말을 많이 쓰는데, 어휘력을 키우는 일이야말로 좋은 글을 쓰는 데 가장 기초적인 지식이 되기 때문입니다. 많은 어휘를 습득한 사람은 말을 하거나 들을 때, 그리고 글을 읽거나 쓸 때에도 그렇지 못한 사람보다 자신의 생각을 더 잘 표현할 수 있습니다. 특히 글쓰기는 남의 말을 듣거나 읽은 뒤에 이루어지는 것이 보통이어서 정확함 뿐만 아니라 그 어휘에 대하여 폭넓은 이해를 하지 못하면, 시험에서 무엇을 묻는지조차 파악하지 못할 수 있습니다.

1 계란에도 뼈가 있다

조선 시대에 세종 대왕이 가장 아끼던 신하는 황희 정승이었습니다. 세종 대왕이 황희 정승을 아낀 이유는 무엇보다도 황희 정승이 청렴결백했기 때문이었습니다. 하지만 그 때문에 황희 정승은 몹시 가난하게 살았습니다.

세종 대왕은 어느 날, 갑작스럽게 황희 정승의 집을 찾아갔습니다. 황희 정승이 얼마나 가난하게 사는지 자신의 눈으로 확인하고 조금이라도 도와 주고 싶었기 때문입니다.

"상감마마 행차시오."

황희 정승은 재빨리 달려나가 허리를 굽혀 인사했습니다. 그리고 가족들을 향해 말했습니다.

> 어휘 익히기의 첫 번째 단계는 아는 단어를 반복해서 익히는 것입니다. 가령 '가족'이라는 단어는 이미 알고 있지만, 이 단어가 문장 안에서 어떻게 쓰이고 있는지 의미를 염두에 두고 되새겨 보세요. 또 관련되는 단어도 떠올려 보세요. 그리고 가족이라는 단어가 들어가는 문장을 여러 개 만들어 보세요. 더 나아가 '가족'을 주제로 원고지 1~2매 정도의 글로 써 보세요.

"부인, 그리고 애들아! 어서 나와 상감마마께 큰절을 올리거라."

그 말에 따라 황희 정승의 부인과 두 딸은 얼른 방으로 들어갔습니다. 아마 옷을 갈아입으러 들어가는 것 같았습니다.

"상감마마, 문안드리옵니다."

잠시 후에 황희 정승의 부인이 먼저 나와 큰절을 올렸습니다. 과연 옷을 갈아입었는지 부인의 옷은 아주 깨끗해 보였습니다.

'흠, 황희 정승이 몹시 가난하여 옷조차 누더기라던데 부인은 아주 깨끗한 옷을 입고 있군. 그럼, 황희 정승이 가난하다는 것은 그저 헛소문인가?'

세종 대왕은 속으로 이렇게 생각했습니다.

그러는 사이, 부인은 사랑방으로 물러갔습니다. 그리고 조금의 시간이 흐른 뒤에 황희 정승의 첫째 딸이 안방으로 들어와 큰절을 올렸습니다.

"상감마마, 문안드리옵니다."

세종 대왕은 첫째 딸을 유심히 보았습니다. 첫째 딸의 옷도 방금 사 입은 것 같이 아주 깨끗했습니다. 게다가 첫째 딸의 옷은 방금 전에 나간 황희 정승 부인의 옷과 똑같은 것이었습니다. 세종 대왕은 또 생각했습니다.

> 이 이야기에는 '정승'이라는 단어가 많이 나옵니다. 정승의 뜻을 사전에서 찾아보세요. 그리고 정승이란 어떤 사람을 의미하는지 생각해 보세요. 또한 다른 옛 이야기에서 정승에 대한 이야기를 읽은 적이 있다면, 그 곳에 나오는 정승과 황희 정승을 비교해 보세요.

'흠, 저렇게 똑같은 새 옷을 장만해 입은 걸 보니 황희 정승이 가난하다고 한 것은 정말 헛말이었나 보군.'

세종 대왕은 그렇게 생각할 수밖에 없었습니다. 왜냐하면 첫째 딸이 나간 뒤에 세 번째로 들어온 정승의 둘째 딸도 똑같은 새 옷을 입고 있었던 것입니다.

그런데 세종 대왕은 어느 순간 고개를 갸웃거리지 않을 수 없었습니다.

'참으로 이상한 일일세. 황희 정승이 고집스럽다는 이야기는 들었지만……'

세종 대왕이 이상하게 생각한 것은 황희 정승의 부인과 두 딸이 번갈아 가면서 절을 올렸기 때문이었습니다.

그 당시 임금에게 인사를 할 때는 부인과 딸들이 한꺼번에 큰절을 올리는 것이 예의이고 절차였습니다. 그런데 이상하게도 황희 정승의 부인과 두 딸은 번갈아 가면서 절을 올렸던 것입니다.

세종 대왕은 황희 정승에게 그 이유를 묻지 않을 수 없었습니다.

"이보시오, 황 정승. 어찌 정승께서 절차를 어기는지 모르겠소."

"무슨 말씀이신지 모르겠사옵니다."

'예의'와 '절차'라는 단어로 떠올릴 수 있는 다른 단어를 생각하여 써 보세요. 어떤 관계가 있나요? 단어는 혼자서 완전한 문장이 될 수 없기 때문에 여러 관련 단어를 함께 익혀 두면 글쓰기에 많은 도움이 됩니다.

"허허, 본래부터 임금에게 인사를 할 때는 부인과 딸이 한꺼번에 절을 올리는 것이 예의가 아니오. 그런데 어찌 정승의 식구들은 한 사람씩 번갈아 가면서 인사를 올리는 게요."

"상감마마, 송구스럽습니다. 실은 저희 집엔 깨끗한 치마저고리가 한 벌 뿐이옵니다. 평상시엔 모두 누더기를 입고 있습지요. 하오나 어찌 누더기를 입고 고귀하신 상감마마께 절을 올리겠나이까?"

황희 정승의 말을 들은 세종 대왕은 감탄하지 않을 수가 없었습니다. 생각할수록 황희 정승이 훌륭하다고 생각되었습니다.

세종 대왕은 곰곰이 생각한 뒤에 황희 정승에게 말했습니다.

"이보시오, 황 정승. 내가 어명 하나를 내리겠소. 장날 하루를 잡아 동·서·남·북문을 통해 모여드는 장사꾼들의 물건을 모두 황희 정승이 사시오. 그 돈은 모두 내가 내겠소."

이 말을 듣고 있던 황희 정승은 깜짝 놀라 고개를 들었습니다.

"상감마마, 제 목숨이 끊어진다 하더라도 그 어명만은 따를 수 없사옵니

'장사꾼'이라는 단어에 대해 생각해 보세요. 우선 사전을 찾아보며 이 단어의 새 의미를 파악해 보세요. '장사꾼'이라는 단어가 '장사를 하는 사람'이라는 의미 외에 어떤 경우에 쓸 수 있을까요? 그리고 이 외에도 한 단어가 여러 가지 뜻을 갖고 있는 단어를 아는 대로 적어 보세요. 자신의 어휘 능력을 파악해 보는 것도 좋은 공부가 된답니다.

다. 거두어 주시옵소서."

"허허, 황 정승. 그대는 그만한 특혜를 입어도 괜찮은 사람이오."

"아니옵니다. 상감마마께서 가지고 계신 돈은 나라의 돈인데 어찌 사사롭게 저를 위해서 쓰겠습니까. 상감마마의 분부에 따를 수 없사옵니다."

가 세종 대왕이 어떤 방법으로 설득하려 해도 황희 정승은 들으려 하지 않았습니다.

세종 대왕은 일단 궁궐로 돌아왔습니다. 그리고 아무도 몰래 궁지기들을 불러 말했습니다.

"궁지기들은 듣거라. 내일모레 장이 열리는 날, 너희들은 사대문을 통해 들어오는 장사꾼들의 물건을 모두 사들이거라. 그리고 그것을 황희 정승에게 갖다 주도록 하라. 알겠느냐?"

이렇게 말한 후 세종 대왕은 궁지기들에게 물건을 살 돈꾸러미를 하나씩 나누어 주었습니다.

'이젠 됐다. 아무리 황 정승이라도 이렇게 하면 어쩔 수가 없겠지.'

하지만 세종 대왕의 이같은 바람은 헛된 것이 되고 말았습니다.

바로 다음 날부터 갑작스레 천둥 번개가 몰아치더니 엄청난 비가 쏟아지

(가) 단락에서 자신 있게 설명할 수 없는 단어를 찾아서 써 보세요. 그런 뒤에 그 단어를 사전에서 찾아 익힌 후 이 문장을 다시 읽어 보세요. 그리고 모르는 단어가 몇 개로 줄어들었는지 확인해 보세요.

기 시작했습니다. 그 비는 다음 날에도, 또 그 다음 날에도 주룩주룩 내리더니 성 안으로 통하는 길목이 모두 물에 잠기고 다리가 끊어졌습니다.

그 때문에 장사꾼들이 성 안으로 들어오지 못해 장은 열리지 못했습니다.

'허허, 이럴 수가 있나. 황희 정승은 진정 하늘이 내린 사람이로다. 날씨까지 황 정승을 돕는구나.'

세종 대왕은 다시 한 번 감탄했습니다.

하지만 세종 대왕은 포기하지 않았습니다. 세종 대왕은 궁지기들을 다시 불러 말했습니다.

"그래도 혹시 모르니 너희들은 밤늦게까지 성문을 지키고 있다가 어떤 장사꾼이든지 지나가면 그 물건을 사서 황 정승 댁에 전해 주거라."

그 말에 궁지기들은 밤이 늦도록 성문을 지켰습니다.

세종 대왕의 노력에 하늘도 감동했는지 자정이 다 되어 성문을 닫으려 할 때 누군가가 비를 맞으면서 다가오고 있었습니다.

"게 뉘시오?"

"저는 계란장수이옵니다. 비 때문에 다리가 끊겨 못 오고 있다가 헐값에라도 팔고 가려고 이렇게 왔습니다."

이번에는 친구들에게 각자 '궁지기'란 단어의 뜻을 써 보게 하세요. 그리고 각자 쓴 것을 비교해 보세요. 서로 같은 뜻으로 썼나요? 아니면 다른 뜻으로 썼나요? 또한 '궁지기'로 연상되는 단어를 써 보고 친구들과 비교해 보세요.

궁지기가 묻자 초립을 쓴 노인이 말했습니다. 그러자 궁지기의 어두운 얼굴이 확 밝아졌습니다.

"하하, 잘 되었소. 노인이 가진 계란을 우리가 모두 사겠소."

궁지기는 노인이 요구한 돈보다 더 많은 돈을 주고 계란을 샀습니다. 그리고 궁지기 두 사람이 그것을 황희 정승 댁으로 가지고 갔습니다.

그런데 황희 정승 댁에 이르기 전에 문득 궁지기 한 사람이 말했습니다.

"이보게. 아무래도 이 계란이 곯은 것 같네."

"계란이 곯았다고? 그렇다면 먹을 수 없단 말인가?"

"허허, 당연하지 않나. 상한 계란을 어떻게 먹을 수 있겠나."

낭패가 아닐 수 없었습니다. 궁지기 하나가 즉시 달려가 세종 대왕에게 이를 보고했습니다. 그러자 세종 대왕은 한숨을 내쉬었습니다.

"허허, 황희 정승에게 그 흔한 계란 하나도 줄 수 없단 말인가? 안타까운 일이로다. 하필이면 계란마저 곯았단 말인가?"

이 이야기는 아주 오래 전의 이야기입니다. 그러므로 옛날 이야기라는 것을 느낄 수 있는 단어가 있을 것입니다. 이를테면, '대왕', '정승'과 같은 단어들이지요. 그 외에도 옛 이야기임을 알 수 있는 단어를 있는 대로 찾아보세요. 이런 단어들은 글의 분위기를 예스럽게 만들어 사실감을 높여 준답니다. 반대로 미래에 관한 상상문을 쓴다면 첨단 과학이나 공상 과학에 많이 등장하는 단어들을 쓰면 사실감을 높일 수 있겠지요?

백성들 역시 이 사실을 알고 감탄했습니다. 그런 중에 묘한 말이 나돌았습니다.

　"대단한 일이야. 계란에도 뼈가 있으니 말일세. 바로 그 뼈 때문에 황희 정승이 끝까지 청렴하게 살 수 있었으니 말일세."

　"뼈라니? 그게 무슨 말인가?"

　"계란이 골(骨 : 뼈 골)았다고 하지 않았나? 하하하."

　그랬습니다. 계란이 골았다는 말을 사람들은 한자로 이해했던 것입니다. 그 뒤부터 사람들은 "계란에도 뼈가 있다."라는 말을 사용했습니다.

　그러나 세종 대왕도, 다른 많은 사람들도 그 '뼈 있는 계란', 그러니까 골은 계란을 판 노인이 변장한 황희 정승이었다는 것을 알지 못했습니다.

　그토록 황희 정승은 청렴을 목숨보다 더 중요한 것으로 여겼던 것입니다.

　앞에서 옛 이야기임을 느낄 수 있는 단어를 찾아보았나요? 이번에는 옛 이야기임을 느낄 수 있는 문장들을 골라 내세요. 단어만으로는 정확한 의미 전달을 할 수 없으므로 뜻이 통하는 문장을 잘 써야 합니다. 지금부터 그런 문장들을 찾아 볼까요?

속담풀이

- **가게 기둥에 입춘[주련]**
  격에 어울리지 않음을 이르는 말
  → 짚신에 국화 그리기

- **가까운 남이 먼 일가보다 낫다.**
  이웃끼리 서로 가까이 지내다 보면, 먼 데 있는 일가보다 더 친하게 되어 서로 도와 가며 살게 된다.
  → 먼 사촌보다 가까운 이웃이 낫다.

- **가랑이가 찢어지게 가난하다.**
  이루 말할 수 없이 가난한 살림을 이를 때 쓰는 말
  → 똥구멍이 찢어지게 가난하다.

- **가을에 못 지낸 제사 봄에는 지낼까.**
  1. 곡식이 흔한 가을에 제사를 안 지낸 사람이 어찌 궁색한 봄에 제사를 지내겠느냐고 비웃는 말
  2. 형편이 넉넉할 때 못 한 일을 궁할 때에 어떻게 할 수 있겠느냐는 말
  → 가을에 친아비 제사 못 지냈거든 봄에 의붓아비 제사 지낼까.

- **가을에 무 꽁지가 길면 겨울이 춥다.**
  오랜 동안 경험을 나타내는 말
  → 가을 무 껍질이 두꺼우면 겨울에 춥다.

01 '계란'으로 떠올릴 수 있는 단어를 아는 대로 써 볼까요? 그리고 왜 그런 단어를 떠올렸는지 이유를 설명해 봅시다.

02 계란이 들어가는 속담을 찾아보세요. 그리고 그 의미를 사전에서 찾아보세요. 그런 뒤에 계란은 원래의 뜻 외에 어떤 뜻으로 쓰이는지도 알아보세요.

03 '청렴'이라는 단어의 뜻을 정확히 풀이해 보세요. 또한 청렴은 어떨 때 쓸 수 있는 말인지 알아보세요.

04 정승, 상감마마 등과 같은 옛날에 궁중에서 쓰던 단어들을 아는대로 써 보세요. 그리고 그 말이 어느 경우에 쓰였는지 뜻을 풀어 보세요.
　　1.
　　2.
　　3.

05 이 글을 통해 알 수 있는 세종 대왕과 황희 정승의 성격을 써 보세요.

06 내용 파악을 위한 문제
　　1. 세종 대왕은 왜 황희 정승의 집을 방문했나요?

　　2. 황희 정승의 딸들이 같은 옷을 입고 있었던 이유는 무엇일까요?

　　3. 세종 대왕이 궁지기들을 불러모은 이유는 무엇인가요?

2 뛰는 놈 위에 나는 놈 있다

옛날에 아주 비상한 재주를 가진 처녀가 살았습니다. 그 재주가 얼마나 비상한지 하루만에 모시를 째서, 삼아서, 꾸리를 감아서, 실을 날아서, 매서, 베틀에 걸어서 모시 다섯 필을 짤 정도였습니다.
어느덧 시간이 흘러 처녀가 시집 갈 나이가 되었습니다.
"얘야, 이제 너도 혼인할 나이가 되었으니 신랑감을 찾아봐야겠구나."
"어머니, 저는 저처럼 뛰어난 재주를 가진 사람이 아니면 혼인하지 않겠습니다."
딸의 이야기를 들은 어머니는 한숨이 저절로 나왔습니다. 딸의 재주를 잘 아는지라 그런 재주를 가진 총각이 있을 것 같지 않았기 때문이었습니다. 그러던 어느 날이었습니다. 처녀와 혼인을 하겠다며

한 총각이 처녀를 찾아왔습니다.
"그래, 당신은 어떤 재주를 가지고 있나요?"
처녀는 호기심이 가득 찬 눈빛으로 총각의 대답을 기다렸습니다.
"예, 저는 하루 만에 열두 칸 기와집을 지을 수 있는 재주를 가졌지요."
"어머 그러세요. 정말 기대가 되네요. 오늘은 피곤할 테니, 푹 쉬시고
내일 아침에 그 솜씨를 보여 주세요."
처녀는 총각의 재주가 너무 보고 싶어 그 밤이 길게 느껴질 정도였습니다.
이튿날, 날이 밝자마자 총각은 서둘러 산에 올랐습니다. 먼저 나무를
자른 다음, 톱으로 켜고, 자귀로 깎아, 대패로 밀고, 끌로 뚫어 뚝딱뚝딱
아귀들을 맞추어 어느새 웅장하고 멋진 열두 칸짜리 기와집을
세워 놓았습니다.
처녀는 총각이 지어 놓은 기와집을 둘러보았습니다.

'정말 잘 지었어. 아주 훌륭해.'
처녀는 총각이 지은 집이 마음에 들었습니다. 처녀는 흡족한 마음으로 집을 찬찬히 둘러보다 문설주 앞에서 걸음을 멈추었습니다. 방문의 문설주가 거꾸로 맞추어져 있었던 것이었습니다.
처녀는 더 이상 둘러볼 것도 없이 총각 앞에 섰습니다.
"문설주가 거꾸로 맞춰져 있군요. 재주가 이렇게 부실해서 어디다 쓰겠습니까? 그만 집으로 돌아가시지요."
처녀는 단번에 총각을 집으로 돌려 보냈습니다. 이 모습을 지켜보던 어머니의 입에서는 긴 한숨이 쏟아져 나왔습니다.
"이런, 저렇게 재주 있는 총각을 퇴짜 놓았으니 이제 누가 찾아올까? 아이고 아까워라."
어머니의 걱정대로 몇 년이 흘러도 처녀를 찾아오는 총각은 한 명도 없었습니다. 세월은 흘러가고 청혼을 받지 못한 처녀는 세월 따라 점점 늙어만 갔습니다.
'아, 이 세상에서는 재주 많은 신랑감을 찾을 수 없으니 이제 그만 이 세상을 떠나야겠구나.'
이렇게 결심한 처녀는 수십 낭떠러지가 있는 벼랑 끝에 올라갔습니다. 그리고 두 눈을 꼭 감고 아래를 향하여 몸을 휙 날렸습니다. 그런데 아래로 떨어지던 처녀는 얼마 못가 '퍽' 하는 소리에 눈을 떴습니다.
"아니, 여기가 어디야."
눈을 뜬 처녀는 깜짝 놀랐습니다. 죽으려고 했던 자신이 어느 총각이
받치고 있는 커다란 소쿠리 안에 들어 있는 것이었습니다.
"이게 어떻게 된 일이죠? 당신이 이 소쿠리로 나를 받아 살린건가요?"
처녀는 여전히 소쿠리를 받치고 있는 총각에게 물었습니다.
"예, 저는 저 아랫마을에 사는 사람입니다. 조금 전에 일을 마치고 집으로
돌아가는 길이었는데 벼랑에서 사람이 뛰어내리길래 얼른 집에 가서 낫을
가지고 대나무 밭으로 가서 대나무를 베어다가 소쿠리를 만들어 떨어지는
사람을 받았는데 그 사람이 바로 아가씨였습니다."
총각의 말을 다 들은 처녀는 놀라지 않을 수
없었습니다.
'이 사람이야말로 나보다도,
집 짓는 총각보다도
더 뛰어난 재주를
가졌구나.'

처녀는 총각의 재주가 사실인지 확인해 보고 싶었습니다.

"정말 뛰어난 재주를 지니셨군요. 저에게 그 재주를 다시 한 번 보여 주실 수 있는지요."

처녀는 총각에게 정중히 부탁했습니다.

"어렵지 않지요."

잠시 후 총각은 눈 깜짝할 사이에 대나무를 베고 쪼개어 소쿠리를 만들었습니다.

'정말 대단해! 과연 뛰는 놈 위에 나는 놈이로군.'

처녀는 총각의 솜씨에 감탄하지 않을 수 없었습니다. 이렇게 해서 처녀는 오랫동안 찾던 재주 많은 총각과 혼인하고 행복하게 잘 살았습니다.

이 일이 있은 후부터 "뛰는 놈 위에 나는 놈있다."라는 속담이 널리 퍼지게 되었습니다.

01 '총각'과 '처녀'처럼 반대말이 한 문장 안에 들어가도록 문장을 만들어 보세요.

예 우리 집 앞마당에는 강아지가 뛰어놀고, 뒷마당에는 토끼를 키우고 있다.

02 다음 문장에서 밑줄 친 단어가 의미하는 바를 쓰고 그 단어를 이용해 문장을 만들어 보세요.

"이런, 저렇게 재주 있는 총각을 퇴짜 놓았으니 이제 누가 찾아올까? 아이고 아까워라."

03 내용 파악을 위한 문제

1. 이 이야기에서 '뛰는 놈'과 '나는 놈'은 각각 어떤 사람을 가르키는 걸까요?

2. 여러분이 만약 처녀와 총각 같은 재주를 가졌다면 어떻게 할지 하룻동안의 생활을 일기 형식으로 써 보세요.

3 내 땅 까마귀는 검어도 귀엽다

어느 마을의 부자가 이웃 고을에 일이 있어 며칠 집을 떠나 있게 되었습니다. 그러다 우연히 장을 보러 나온 앞집에 사는 박 서방을 만나게 되었습니다. 부자는 박 서방을 보자 집에 있는 아들이 생각났습니다.

'마침 잘 됐군. 아들 녀석 놀이감을 하나 사서 박 서방 편에 보내야겠구만.'

"여보게, 잠깐만 기다리게!"

부자는 저만치 가고 있는 박 서방을 급히 불렀습니다. 그리고 서둘러 비싼 놀이감을 사서 박 서방에게 건네며 말했습니다.

"여보게, 이걸 가지고 가서 우리 마을에서 가장 고운 아이에게 주도록 하게."

놀이감을 받아 보고 기뻐할 아들 생각에 부자는 마음이 뿌듯해졌습니다.

'마을에 아이들이 아무리 많아도 우리 아들이 가장 잘 입고 잘 지내니 모두들 우리 아이가 가장 곱다고 생각할 거야.'
부자는 마을 사람들도 모두 자기처럼 자기 아들을 생각할 거라고 여겼던 것이었습니다. 특히 심부름을 시킨 박 서방의 아들은 어렸을 때 병을 앓았는지 병약한데다 얼굴까지 얽어 있어 절대로 고운 아이라고 생각하지 않을 거라는 확신이 있었습니다.

'박 서방이 자기 아들을 줄 리가 없어. 분명 우리 아들에게 갖다 줄 거야.'
부자는 자신의 아들이 놀이감을 갖고 노는 모습을 상상하니 저절로 미소가 떠오르고 기분이 좋아져 발걸음이 한결 가벼웠습니다.
며칠 후, 고을 일을 다 마치고 집으로 돌아온 부자는 부인을 보자마자 아들에게 보낸 놀이감에 대해 물었습니다.
"내가 보낸 놀이감은 잘 받았소?"
"놀이감이라니요?"
부인은 남편의 말에 무슨 소리냐는 듯이 쳐다보았습니다.
"아니, 며칠 전에 앞집 박 서방이 우리 애 놀이감을 안 가지고 왔소?"
"네, 아무것도 가져 오지 않았어요."

아내의 말에 깜짝 놀란 부자는 뭔가 일이 잘못되었다는 것을 느끼고 그길로 박 서방을 찾아갔습니다.

"박 서방 전번에 내가 자네에게 맡겼던 놀이감을 어떻게 했나?"

"아, 마을에서 가장 고운 아이에게 주라던……."

"맞네, 그걸 도대체 누구에게 주었나?"

"그야 당연히 우리 아이에게 주었지요."

박 서방은 당당하게 대답했습니다.

"뭐라고? 아무리 그래도 그렇지. 자네 아이가 우리 마을에서 가장 곱다는 말인가?"

부자는 박 서방의 말에 기가 막혔습니다.

"물론이지요! 남들 눈에는 어떻게 보일지 몰라도 제 눈에는 제 아들이 가장 귀엽고, 가장 곱게 보이지요. 그러니 그 놀이감을 누구를 주었겠습니까? 당연히 제 아들에게 주었지요."

그 말을 들은 부자는 그제야 깨달았습니다. 그리고 더 이상 아무 말도 못 하고 박 서방 집을 나왔습니다. 그리고 고개를 끄덕이며 속으로 중얼거렸습니다.

'그래, 아무리 모자라고 못나도 내 자식이 가장 귀엽고 곱지. 아무렴!'

그 후부터 "내 땅 까마귀는 검어도 귀엽다."라는 말이 쓰이기 시작했습니다.

01 자주 반복되는 단어 '놀이감'이 들어가는 문장 5개를 지어 보세요.

02 1번에서 만든 문장 중에서 '놀이감'이 서로 다른 뜻으로 쓰인 것이 있나요? 그렇다면 어떻게 다른가요?

03 "내 땅 까마귀는 검어도 귀엽다."란 이야기를 원고지 1장 분량으로 요약해 보세요.

04 내용 파악을 위한 문제

   1. 부자는 어떤 잘못된 생각을 가지고 있나요?

   2. 이 속담과 비슷한 뜻을 가진 "고슴도치도 제 자식은 귀엽다고 한다." 라는 속담을 설명해 보세요.

 말꼬리에 파리가 천리 간다

하루에 천리를 달린다는 천리마 한 필이 있었습니다.

"흥! 이 세상에 나보다 더 빨리 달릴 수 있는 말은 없을 거야. 그 누구도 감히 내 상대가 될 수 없지. 나는 적어도 한달음에 천리씩 달리니까!"

그는 자신의 재주와 날쌤을 자랑하고 다니느라 늘 콧대를 빳빳이 세우고 온 동네를 뛰어다니며 큰소리를 쳤습니다.

"에구, 또 시작이야."

"저 소리 좀 안 듣고 살았으면……."

"정말 잘났다니까."

천리마가 자랑을 늘어놓을 때마다 다른 말들은 뒤에서 눈을 힐끔거리며 수군댔습니다. 그러나 워낙 뛰어난 재주를 타고 난 터라 모두 마음 속으로는 주눅이 들어 그 앞에서 입도 뻥긋 못 했습니다.

그러던 어느 날이었습니다. 그 날도 천리마는 고개를 치켜들고 한참 자기 자랑에 열을 올리고 있었습니다.

그 때 눈에 보일까말까 한 작은 파리 한 마리가 천리마 주위를 앵~ 앵~ 날아다니더니 급기야는 천리마 머리 위에 냉큼 올라앉았습니다.

"이게 뭐야! 감히 내 머리 위에 앉다니."

천리마는 갑자기 기분이 확 상했습니다.
"내참, 가만히 듣고 있자니까 어이가 없네."
파리는 천리마의 머리 위를 걸어다니며 천리마를 비웃었습니다.
"그래, 너만 천리를 갈 수 있다고 그렇게 잘난 척하는 거니? 야, 그만둬라! 나도 한달음에 천리를 갈 수 있다!"
파리의 말을 들은 천리마는 코웃음이 나왔습니다.
"흥, 뭐라고? 이런 고얀 놈이 있나. 있는지 없는지도 모르게 생긴 놈이 큰소리만 앵앵 치고 있네. 콱 밟아 죽이기 전에 썩 비켜라!"
천리마는 발을 쾅쾅 구르며 벌컥 화를 냈습니다.
그러나 파리는 조금도 무서워하는 기색 없이
오히려 당당하게 소리쳤습니다.
"내 말이 믿기지 않는 모양이지?
그렇게 못 믿겠으면 나하고
내기 한 번 해
보는 게 어때?"
"그래, 좋다."

천리마는 파리의 행동이 하도 괘씸해 코를 납작하게 만들어 주고 싶었습니다. 이렇게 해서 천리마와 파리는 천리를 달리는 시합을 하게 되었습니다.

잠시 후, 시작 소리와 함께 천리마는 앞으로 내달렸습니다. 바람을 가르며 쏜살같이 달리던 천리마는 목적지에 이르자 숨을 고르며 뒤를 휙 돌아보았습니다. 그러자 꼬리 쪽에서 웃음소리가 들렸습니다.

"하하하. 어떠냐. 이래도 나를 못 믿겠냐?"

웃음소리에 깜짝 놀라 자세히 살펴보니 작디작은 파리 한 마리가 웃고 있는 것이었습니다.

'아니, 이럴 수가. 너도 정말 한달음에 천리를 날아왔구나.'

천리마는 어쩔 수 없이 파리가 천리를 왔다는 것을 인정하지 않을 수 없었습니다. 그러나 사실 파리는 스스로 천리를 날아온 것이 아니었습니다. 천리마가 천리를 달리는 동안 그 꼬리에 찰싹 달라붙어 있었던 것이었습니다. 천리마는 그 사실을 까맣게 모르고 파리가 천리를 날아왔다고 믿었습니다.

그 뒤부터 남의 세력 밑에서 잘난 척하고 으스대는 사람을 이를 때 "말꼬리에 파리가 천리 간다."라는 말을 쓰게 되었답니다.

01 남의 세력만 믿고 기운을 펴는 사람에게 왜 "말꼬리에 파리가 천리 간다."라는 속담을 쓸까요?

02 이 글에서 알 수 있는 천리마의 성격에 대해서 써 보세요. 주어진 글을 읽고 문제를 푸는 성격의 문제라면 특히 등장 인물(동물)의 성격을 묻는 문제가 많답니다. 다시 한 번 글을 천천히 읽고 성격을 말해 보세요.

03 내용 파악을 위한 문제
  1. 이 글에서 나오는 '천리마'의 뜻을 설명해 보세요.

  2. 여러분이 천리마에게 충고를 한다면 어떤 충고를 해 줄 수 있을까요?

5 미운 놈 떡 하나 더 주라

깊은 산골에 욕심 많고 인색한 배씨네와 마음씨 곱고 정 많은 이씨네가 이웃하여 살아가고 있었습니다.

배씨네와 이씨네는 명절이 되면 여러 가지 떡과 맛있는 음식들을 만들어 서로 나누어 먹곤 하였습니다.

정 많고 마음씨 고운 이씨네는 음식을 나누어 줄 때도 언제나 배씨네 식구들이 두 끼 정도 실컷 먹고도 남을 만큼 큰 그릇에 꾹꾹 눌러 푸짐하게 보냈습니다.

그러나 배씨네는 몹시 인색해서 자그마한 그릇에 겨우 밑바닥이 가릴
정도로만 음식을 담아 이씨네로 보내곤 했습니다.
또다시 명절이 되자 이씨네는 다른 때와 마찬가지로 커다란
나무 함지박에다 참깨 기름까지 골고루 바른 다음 정성껏 빚은 송편을
가득 담아 배씨네로 보낼 채비를 했습니다. 그리고 심부름을 보내기 위해
딸을 불렀습니다.
"애야, 어서 이 떡 함지박을 배씨네 갖다 드려야지."
'……'
"애야, 따뜻할 때 드시게 어서 갖다 드려라."
'……'
다른 때 같으면 어머니의 말이 떨어지기가 무섭게 함지박을 이고 심부름을
나서는 딸이 이번에는 어쩐 일로 뽀로통해서 꼼짝을 하지 않는
것이었습니다.
"어서 갔다 오지 못 하겠느냐!"
어머니는 다시 한 번
큰 소리로 딸을 재촉했습니다.

"싫어요!"

그제야 딸은 잔뜩 심술이 난 목소리로 싫다고 대답하는 것이었습니다.

"아니, 왜 싫다는 거냐?"

"그 집에 떡 주기 싫단 말이에요!"

"애야, 갑자기 왜 그러는 게냐?"

어머니는 딸의 달라진 행동에 놀라 물었습니다.

"엄마는 억울하지도 않아요?"

"억울하다니?"

"우리가 이렇게 함지박이 터지도록 음식을 갖다 주면 뭐해요? 그 집에서 알아나 준대요? 그 집에서는 우리 집에 음식을 보낼 때 겨우 손바닥만한 그릇에 밑바닥만 살짝 가려서 주잖아요. 그런데 왜 우리만 손해 보는 짓을 하냐구요!"

그제야 어머니는 딸의 마음을 알아차리고 빙그레 웃으며 말했습니다.

"애야, 나라고 왜 그걸 모르겠니? 배씨네 하는 행동이 속상하기는 하지만 그래도 이웃사촌인데 어떡하겠니? 그렇다고 배씨네와 똑같이 할 수는 없지 않니?"

"그러니까 우리만 손해란 말이에요."

딸은 생각할수록 배씨네가 얄밉게 느껴졌습니다.

"그렇지 않단다. 미운 놈 떡 하나 더 주는 법이란다."

"그게 무슨 말씀이세요?"

어머니는 딸의 마음을 풀어 주려는 듯 부드럽게 말을 이었습니다.

"우리가 이렇게 한결같은 마음으로 그들을 진심으로 대한다면 그들도 돌덩이가 아닌 이상 언젠가는 자신의 잘못된 점을 고치지 않겠니?"
"정말 그럴까요?"
"그럼, 자 어서 갖다 드리고 오렴."
그제야 딸은 떡을 배씨네 갖다 주었습니다. 몇 년 후, 욕심 많고 인색한 구두쇠였던 배씨네는 어머니의 말처럼 서서히 바뀌기 시작했습니다. 이런 일이 있은 후부터 아무리 나쁜 사람이라도 꾸준히 관심을 갖고 진심으로 대하면 그 마음이 바뀔 수 있다는 뜻으로 "미운 놈 떡 하나 더 주라."라는 말을 쓰게 되었답니다.

01 '떡'이란 단어로 다음과 같은 글쓰기를 해 보세요.

1. 떡의 뜻을 사전을 참고하지 않고 아는 대로 말해 보세요.

2. 사전을 본 뒤, 자신이 알지 못했던 떡의 뜻과 의미를 알아 보세요.

3. 떡을 생각하면 떠오르는 단어와 그 뜻을 설명해 보세요.

02 "미운 놈 떡 하나 더 주라."라는 속담 대신 또 어떤 속담을 사용해서 이 글을 설명할 수 있을까요? 이 글에 어울리는 속담을 찾아보세요.

03 내용 파악을 위한 문제

1. 딸은 왜 배씨네에게 떡을 갖다 주지 않으려 했을까요?

2. 인색한 배씨네가 마음을 돌린 이유를 설명해 보세요.

3. 이야기에 나타난 어머니의 마음씨는 어떠한가요? 예를 들어서 설명해 보세요.

속담풀이

- **가재는 게 편이다.**
  됨됨이나 형편이 비슷하고 인연 있는 것끼리 서로 편이 되어 어울리고 사정을 보아 줌을 이르는 말
  → 팔은 안으로 굽는다.

- **값도 모르고 싸다 한다.**
  사정도 모르는 채 이러니저러니 말한다.
  → 금도 모르고 싸다 한다.

- **갖은 놈의 겹철릭**
  필요 이상의 물건을 겹쳐서 가짐을 이르는 말
  → 지붕 위에 또 지붕을 얹는다.

- **같은 값이면 다홍치마**
  이왕 값이 같을 바에야 자신에게 이득이 더 가는 쪽으로 고른다.
  → 같은 값이면 과부집 머슴살이

- **개똥도 약에 쓰려면 없다.**
  여느 때는 흔하던 것도 필요해서 찾으면 드물고 귀하다는 말로 평소에 아끼라는 뜻도 들어 있다.
  → 까마귀 똥도 약이라니까 물에 갈긴다.

6 의심은 병

키는 장대만 하고 덩치는 산만 한 젊은 포수가 살고 있었습니다. 다른 날과 마찬가지로 산에서 여러 마리의 꿩을 잡아 꼴망태에 넣어가지고 집으로 돌아가는 길이었습니다.

'저기 샘이 있네. 그렇지 않아도 목이 몹시 말랐는데 물 좀 마시고 가야겠다.'

포수는 사냥을 하느라 이리 뛰고 저리 뛰고 한데다, 날씨까지 더워 갈증이 심하게 나던 터에 샘물을 발견하고는 한걸음에 달려가 정신없이 물을 마셨습니다.

한참 물을 마시고 이만하면 됐다 싶어 일어나는데 갑자기 입 안으로 꼬불꼬불 긴 것이 쏙 들어오는 것이었습니다.

'이크, 이게 뭐야?'

'내가 뭘 먹은 거지?'

포수는 집으로 오면서도 계속 그 생각이 떠나지 않았습니다.

'도대체 입 속으로 뭐가 들어간 걸까?'

한참을 골똘히 생각하던 포수는 문득 걸음을 멈췄습니다.

'혹시 뱀? 맞아! 꼬불꼬불한 게 틀림없이 뱀 꼬리였어. 아이고, 큰일났네.'

포수는 자기가 삼킨 것이 뱀이라고 생각하자 무서운 생각이 들었습니다.
그리고 뱃속에서 무언가가 꿈틀꿈틀 움직이는 것 같았습니다.
'이거 봐! 뱀이 틀림없어. 뱀이 내 뱃속에서 요동을 치고 있는 거야.'
집에 돌아온 포수의 배는 점점 더 아파왔습니다.
"아이고, 나 죽네. 내가 삼킨 뱀이 독사였어. 이놈이 내 오장육부를 다
깨물어 나를 죽이려고 하는구나! 아이고!"
포수는 배를 움켜쥐고 방 안을 떼굴떼굴 굴러다녔습니다. 그 날부터 포수는
입맛이 없어 밥을 먹지 못하더니 점점 기운이 떨어지고 결국에는 꼼짝도
못 하게 되었습니다. 용하다는 의원을 불러 보았지만 아무 소용이
없었습니다.
하루는 포수가 병들었다는 소식을 듣고 그의
친구가 병문안을 왔습니다.
"이 친구야, 어쩌다가 이 꼴이
되었는가?"
친구는 먹지 못해 비쩍 마른
포수가 안쓰러웠습니다.
"얼마 전에 꿩 사냥을 갔다
오다 목이 말라 샘에서 물을
마셨는데 그 때 그만……."
포수는 기어들어 가는 목소리로
그 때 있었던 일을 이야기했습니다.

"그래, 틀림없이 독사였단 말이지?"

"그렇다네. 이제 나는 온몸에 독이 퍼져 머지않아 죽고 말 걸세. 흑흑."

"이보게, 나와 함께 그 샘에 가 보세."

포수의 이야기를 다 들은 친구는 포수와 함께 뱀을 삼켰다는 샘으로 왔습니다. 그리고 그 때처럼 꼴망태를 지도록 하고 꿩의 꽁지 털 몇 개를 꼴망태에 꽂았습니다.

"자, 이제 그 때처럼 물가에 엎드려 보게나."

친구의 말에 따라 물가에 엎드린 포수는 소스라치게 놀랐습니다.

"으악! 뱀이다!"

"다시 한 번 자세히 보게나."

"틀림없는 뱀이네. 내 입 속으로 들어간 독사가 분명하네!"

포수의 목소리는 무서움에 떨리고 있었습니다.

"으하하하!"

친구는 갑자기 웃음을 터뜨렸습니다. 그리고 포수에게 말했습니다.

"이 친구야, 그게 어디 뱀인가?"

친구의 말에 포수는 다시 찬찬히 물 속을 들여다보았습니다. 그러자 물 속에서 움직이고 있는 것이 뱀이 아닌 것도 같았습니다. 친구는 꼴망태에 꽂았던 꿩의 꽁지 털을 뽑고는 말했습니다.

"자, 이제 다시 한 번 물 속을 들여다보게."

"어?"

포수가 들여다본 샘물 속에는 어찌 된 일인지 뱀은커녕 뱀 그림자도 보이지 않았습니다.

친구는 꿩의 꽁지 털을 포수에게 보이며 말했습니다.

"자네를 병들게 한 그 뱀은 바로 이 꿩의 꽁지 털이었네."

"꿩의 꽁지 털이었다구?"

아직도 무슨 영문인지 모르는 포수에게 친구는 설명해 주었습니다.

"이 꽁지 털이 물에 어려서 뱀처럼 보였던 거네. 이것이 물에 비춰 어른어른하다가 자네가 물을 마시고 일어나니 이 그림자도 사라진건데 자네는 뱀이 입 속으로 들어갔다고 의심했던 거지. 뱀을 삼켰으니 뱃속이 요동칠 거라고 생각한 거고, 결국 의심이 자네를 진짜 병들게 만든 것일세."

친구의 말을 듣고서야 포수의 마음 속에 있던 의심이 깨끗이 사라졌습니다. 그러자 아팠던 몸도 단번에 가벼워졌습니다.

집에 돌아온 포수는 그 때부터 밥을 맛있게 먹었고, 건강도 금방 회복되었습니다.

이 때부터 의심이 깊어지면 거짓도 진실처럼 믿게 되고 결국엔 없던 병도 생기게 된다는 뜻으로 "의심은 병"이라는 말을 쓰게 되었답니다.

01 다음의 문장을 읽고 이와 같이 다른 사물에 빗대어 제시한 단어를 설명해 보세요. 특히 문학적인 글에는 이와 같은 비유법이 많이 나오는데, 이 방법으로 글을 쓰면 글이 풍성해지고, 상상력이 풍부한 글이 된답니다.

예 키는 장대만 하고 덩치는 산만 한 젊은 포수가 살고 있었습니다.
예 미달이는 달덩이 같은 얼굴, 앵두 같은 입술을 가진 아이입니다.

1. 눈을 아름답게 묘사해 보세요.

2. 외계인을 무섭게 표현해 보세요.

3. 강아지를 예쁘게 표현해 보세요.

02 내용 파악을 위한 문제

1. 여러분도 포수처럼 아무일도 아닌데 의심해서 걱정한 경험이 있나요? 여러분의 경험을 바탕으로 글을 써 보세요.

2. 만약 포수가 계속 꿩의 꽁지 털을 뱀으로 알았다면 어떻게 됐을까요?

3. 여러분 주위에 포수와 같은 친구가 있다면 어떻게 말해 주는 것이 좋을까요?

엄마와 선생님이 도와 주는 논술 교실

2장_문장연습

문장을 정확히 쓰는 것에 논술의 핵심이 있습니다. 좋은 문장이란, 첫째, 문법적으로 정확한 문장을 말합니다. 아무리 그럴 듯해 보여도 문법적으로 틀린 문장은 글을 읽는 사람을 이해시키지 못하며, 글을 쓰는 사람의 능력과 지식수준까지 의심하게 만듭니다. 둘째, 짧고 간결해야 합니다. 긴 문장은 문법적으로 틀린 점이 없더라도 읽는 사람에게 지루함을 주고, 자칫 자신의 의도와 다르게 이해될 수 있습니다. 셋째, 문장과 문장이 서로 논리적으로 잘 연결되어야 합니다. 접속사를 쓰지 않더라도 뜻이 잘 통하도록 문장을 배열해야 한다는 것입니다. 넷째, 여러 문장들이 이루어져 한 문단을 만드는데, 이 한 문단 안에서는 같은 어휘를 반복하지 않는 것이 좋습니다. 다섯째, 문장과 문장을 연결할 때 사용하는 접속사는 너무 자주 반복하지 않는 것이 좋습니다.

7 닭 쫓던 개 지붕 쳐다본다

아주 한가로운 봄날, 어느 집 마당에서 일어난 일입니다.

가 마당 한가운데엔 닭이 여기저기 흩어진 쌀알을 쪼아 먹고 있었습니다. 외양간에선 황소가 주인이 해다 준 풀을 뜯어 먹고 있었고, 개는 마루 밑에서 열심히 뼈다귀를 뜯고 있었습니다. 그리고 돼지는 지저분한 돼지우리에서 물을 먹고 있었습니다.

그런데 아까부터 황소가 닭의 모습을 유심히 지켜보고 있었습니다. 황소의 표정으로 보아 무엇 때문인지 불만이 가득한 것 같았습니다.

황소는 닭이 가까이 다가오자 입을 열었습니다.

"얘, 닭아. 너는 우리가 불공평하다고 생각하지 않니?"

"아니, 뭐가 불공평하다는 거죠?"

황소의 느닷없는 말에 닭이 알 수 없다는 표정으로 되물어보자 황소가 대

좋은 문장을 쓰기 위한 첫 번째 조건은 자신이 쓰려고 하는 내용에 대해서 정확히 관찰하고 충분히 이해하는 것입니다. 자신이 마당을 바라보고 있다고 상상하면서 (가) 단락을 좀 더 구체적으로 다시 써 보세요.

답했습니다.

"나는 매일 논밭에 나가 일을 하고, 때로는 무거운 짐을 져다 나르기도 한단 말이다. 그렇게 아주 힘든 일을 하면서도 먹는 것이라고는 겨우 이런 풀잎사귀뿐이지 않느냐. 그런데 네녀석은 별로 하는 일도 없이 빈둥거리면서도 매일 그 귀한 쌀을 먹고 있잖아."

그러자 닭이 발끈 성을 내며 말했습니다.

"이봐요. 황소님, 정말 답답하군요. 황소님은 배운 게 없어서 많은 일을 해도 변변히 먹지 못하는 것이란 말이에요. 하지만 나는 다르지요. 인간들에게 더 귀한 일을 하기 때문에 하느님이 이렇게 벼슬까지 내려주신 거라구요."

그러면서 닭은 제 머리에 난 붉은 벼슬을 황소에게 보여 주었습니다.

"하느님이 네게 벼슬을 내려주셨다구?"

"그럼요. 저에겐 이렇게 벼슬을 내려주셨고, 일도 하지 않고 매일 먹고 잠만 자는 돼지는 저렇게 코를 납작하게 만드신 거란 말이에요. 황소님, 이제 아셨어요?"

닭은 의기양양하게 말했습니다.

"대체 네가 인간들을 위해 무슨 귀한 일을 한다는 거냐?"

(나) 단락은 비교적 복잡하고 긴 문장으로 연결되어 있습니다. 이 문장들을 더 짧고 간결하게 고쳐 보세요. 그런 뒤에 원래의 문장들과 비교해 보세요. 또한 친구들에게 두 글을 모두 읽어 주고 느낌을 들어 보세요. 어떤 차이가 있나요?

황소는 믿을 수 없다는 듯이 물었습니다.

"황소님, 저는 매일 새벽같이 일어나 인간들에게 시간을 알려 줍니다. 일하러 가야 할 시간을 말이에요. 제가 울면 사람들은 자리에서 일어나 들판으로 나가지요. 그보다 더 중요한 일이 어디에 있겠어요."

어깨를 으쓱거리면서 닭이 말했습니다. 그런데 그 때 이 상황을 지켜보고 있던 마루 밑의 개가 어슬렁거리며 다가왔습니다.

"이놈, 닭아! 그게 무어 그리 중요한 일이라고 황소님 앞에서 뽐을 내는 게야. 나는 매일 밤 잠도 자지 못하고 집을 지키다가 도둑이 들면 짖어서 도둑을 쫓는다구. 이보다 더 힘든 일이 있는 줄 아니? 그리고 넌 사람들을 깨운다고 하느님이 네게 벼슬을 내렸다지만, 나 역시 인간들을 위해 한 일이 많아 다리 하나를 더 주셨단 말이다."

개의 말도 맞긴 맞았습니다. 더 오랜 옛날 개는 다리가 세 개뿐이었다고 합니다. 그런데 하느님이 개가 사람들을 위해 집을 지키는 것이 기특해서 다리 하나를 더 주었고 그래서 지금처럼 개의 다리가 네 개가 된 것이었습니다. 강아지들은 지금도 하느님이 주신 다리 하나를 귀하여 여겨 오줌을 쌀 때도 그 다리만은 꼭 들고 오줌을 싼다는 것입니다.

의성어와 의태어 - 의성어는 소리를 흉내내는 말이고, 의태어는 어떤 동작이나 행동을 흉내낸 말이지요. 의성어와 의태어를 많이 쓰는 글들은 상황을 더 생생하게 전달할 수가 있답니다. 특히 동화와 수필 같은 글은 더 큰 효과를 볼 수 있습니다.

"흥! 그게 뭐 그리 대단해요. 아무리 그래도 개님의 그 짖는 소리에는 아무런 뜻도 없잖아요."

"뜻이라고? 그럼, 네 울음소리에는 뜻이 있다는 말이냐?"

"그럼요. 들어 보실래요? 꼬끼요!"

"꼬끼요? 그게 무슨 뜻이라는 거냐?"

"잘 좀 들어 보세요. '꼬끼요'가 아니라 고기요(告基要)라고 했잖아요. 고(告)자는 무언가를 알린다는 뜻이고, 기(基)자는 무언가를 꾀한다는 뜻이고, 요(要)는 중요하다는 뜻이죠? 그러니 제 울음소리 '고기요'는 무언가 중요한 것을 알린다는 뜻이지요. 이제 알겠어요?"

또다시 어깨를 으쓱거리면서 닭이 말했습니다. 그러나 개도 지지 않고 말했습니다.

"이놈아! 네가 몰라서 그렇지 내가 짖는 소리에도 뜻이 있어."

"하하하. 멍멍 하고 짖는 소리에 무슨 뜻이 있단 말이에요?"

"이놈아! 내가 멍멍 하고 짖는 것은 나 빼놓고는 모두 멍텅구리란 뜻이야. 그러니 나야말로 양반이지. 하하하."

"하하하. 억지 쓰지 말아요. 양반이라구요? 나처럼 이렇게 동그란 벼슬도 없으면서 무슨 양반이에요. '개 팔아 두 냥 반' 아니에요?"

"뭐, 뭐라고? 그럼, 내가 개장수에게 팔려 갈 때나 양반이란 뜻이냐?"

"하하하. 왜 아니겠어요."

"뭣이! 이 나쁜 놈!"

성이 발끈 난 개는 닭에게 달려들었습니다. 그리고 닭이 그토록 자랑하던 벼슬을 확 물어뜯었습니다.

그 때 동그랗던 닭의 벼슬에 상처가 났습니다. 개의 이빨 자국 때문에 닭의 벼슬은 톱니 모양이 되고 만 것이었습니다.

"꼬끼요! 꼬꼬꼬꼬."

닭은 비명을 지르면서 도망가고, 그 뒤를 개가 쫓아갔습니다. 개가 발이 빠르다는 것을 알고 있는 닭은 얼른 지붕 위로 날아올라갔습니다.

개는 지붕 위의 닭을 쳐다보며 말했습니다.

"이놈아! 이리 안 내려올래?"

"흥! 내가 왜 내려가겠어요. 개님이 나를 또 물어뜯을 텐데……."

그러나 개도 물러서지 않았습니다. 닭이 내려올 때를 기다리며 한없이 지붕만 멀뚱멀뚱 쳐다보고 있었습니다.

"닭 쫓던 개 지붕 쳐다본다."라는 말은 이 때부터 생겼고 닭의 벼슬이 지금처럼 톱니 모양이 된 것도 바로 이 일 때문이라고 합니다.

"개 팔아 두 냥 반"이란 일종의 언어유희로 말장난을 한 거예요. 이것은 두 가지로 해석해 볼 수 있는데 첫 번째는 "개 팔아 두 양반"으로 다른 이야기에서 양반이 뭐냐는 질문에 그 말은 무시하고 엉뚱한 대답으로 개 팔아서 두 냥 반을 받았다는 것으로 둘러대어 양반은 안중에도 없다는 뜻이 됩니다. 두 번째는 개를 팔아도 자기 신분은 귀하디 귀한 양반이라고 해석하는 것입니다. 여기에선 어떤 의미로 쓰였을까요?

01 이 글 안에서 닭과 돼지와 개의 특징을 설명해 보세요. 그리고 서로의 공통점과 차이점을 비교해 보세요.

02 자신이 알고 있는 의성어와 의태어를 아는 대로 써 보세요.

03 자신이 찾아 낸 의성어와 의태어를 넣어 짧은 글을 지어 보세요.
예 물방울이 뽀글뽀글 올라왔다.
예 토끼가 깡충깡충 뛰어다니고 있었다.

04 이 이야기를 다시 한 번 읽으면서 다음의 접속사는 어떤 경우에 쓰는지 설명해 보세요. (① 그러나 / ② 그리고 / ③ 하지만 / ④ 그러므로)

05 위의 접속사로 2~3개 이상의 문장을 연결하여 짧은 글짓기를 해 보세요.

06 내용 파악을 위한 문제

1. 닭의 벼슬이 왜 톱니바퀴 모양으로 됐는지 이 이야기를 통해서 설명해 보세요.

2. 황소, 개, 닭의 주장을 정리해 보세요.

 수염이 석 자라도 먹어야 양반······

'꼬르륵 꼬르륵'

벌써 몇 번째인지 모르겠습니다. 늘 점잖은 체하는 양반은 몇 시간째 배고픔을 참고 있는 중이었습니다.

그런데 이번에는 '꼬르륵' 소리가 어찌나 크게 들리던지 양반도 자기 뱃속에서 나는 소리에 놀라 얼른 뒤에서 따라오고 있는 하인을 힐끔 쳐다보았습니다.

'혹시 들은 건 아니겠지? 만약 들었다면 양반 체면에 이게 무슨 망신이람.'

다행히 하인은 못 들었는지 여전히 묵묵히 쫓아오고 있었습니다.

며칠째 집을 떠나 먼 길을 가다 보니 집에서 가져온 음식은 다 떨어지고 아직 갈 길은 많이 남은 상황이었습니다. 아무리 사방을 둘러봐도 인가는 보이지 않고 배는 점점 더 고파만 왔습니다.

시간이 조금 더 지나자 양반은 배가 너무 고픈 나머지 눈앞이 노래지고 다리가 후들거려 걷기조차 힘들었습니다. 양반은 더 이상 배고픔을 견디지 못하고 하인을 불렀습니다.

"돌쇠야, 시장기가 도니 어디 가서 먹을 수 있는 음식을 장만해 오너라."
양반은 하인이 빨리 음식을 가져오기만을 기다렸습니다. 음식이 곧 올 거라고 생각하니 입 안에 침이 고이고 뱃속은 더 요동쳤습니다.
잠시 후 먹을 것을 가지러 갔던 하인은 두 주먹에 무언가를 가득 쥐고 돌아왔습니다.
"아니, 이게 뭐냐?"
잔뜩 기대하고 있던 양반 앞에 하인은 주먹을 펼쳤습니다. 펼친 주먹 안에는 지저분한 콩알이 들어 있었습니다.
"예, 이것은 밭에서 주운 콩입니다. 금방 불에 닥닥 볶아 올리겠습니다."
"에끼 이놈아! 지체 높은 양반인 나더러 너희 상놈들처럼 주워 온 콩알이나

구워 먹으란 말이냐? 어서 가서 다시 구해 오지 못할까!"

금방이라도 쓰러질 것 같았던 양반은 어디서 그런 힘이 났는지 하인에게 호통을 치며 음식을 다시 구해 오라고 했습니다.

'아이고 배고파. 이젠 숨쉴 기력조차 없구나.'

양반은 주린 배를 움켜잡고 이번에는 하인이 제대로 된 음식을 가져오기를 기대하며 배고픔을 간신히 참고 있었습니다.

"주인님!"

음식을 구하러 갔던 하인이 헐레벌떡 뛰어왔습니다.

"이게 뭐냐?"

양반은 반가운 마음에 얼른 하인의 손을 쳐다보았습니다. 그러나 하인의 손에는 울퉁불퉁한 감자 몇 알뿐이었습니다.

"예, 이건 감자인데 곧 불에 따끈따끈하게 구워 올리겠습니다."

하인의 말에 양반은 아까보다 더 큰 소리로 하인을 꾸짖었습니다.

"네 이놈! 지금 네가 나를 놀리는 거냐? 양반인 나더러 그런 구운 감자나 먹으란 말이냐? 당장 내다 버리지 못할까?"

기운이 없는 차에 소리까지 질러 댄 양반은 더 이상 버티지 못하고 그 자리에서 팍 꼬꾸라지고 말았습니다.

하인은 얼른 불을 지펴 콩을 볶고 감자를 구웠습니다. 양반을 들여다보니 길게 자란 수염까지 부르르 떨고 있었습니다. 하인은 정신을 못 차리고 있는 양반을 흔들었습니다.

"어서 일어나세요. 아무리 수염이 석 자라도 먹어야 양반이지 죽고 나면 무슨 수로 양반질을 하겠습니까?"

하인의 말에 양반은 정신을 벌떡 차리고 일어났습니다.

'그래, 살아야지. 내가 죽으면 양반이고 뭐고 다 무슨 소용이람.'

양반은 하인이 들고 있던 구운 감자를 잡아채 입 속으로 마구 집어 넣었습니다. 그리고 지금까지 먹어본 음식 중에 가장 맛있는 음식을 먹기 시작했습니다.

"수염이 석 자라도 먹어야 양반"이라는 속담은 바로 이렇게 해서 생긴 것으로 배가 불러야만 체면도 차릴 수 있는 말로 사용되고 있습니다.

01 이 글에서 의성어 또는 의태어를 찾아보세요. 그리고 그 단어로 짧은 글을 지어 보세요.

예) 아빠는 헐레벌떡 뛰어나갔습니다.

02 이 글에서 너무 길어서 뜻이 잘 통하지 않거나 간결하게 쓰면 더 낫겠다고 생각되는 문장을 뽑아 짧고 간결하게 고쳐 보세요.

> 금방이라도 쓰러질 것 같았던 양반은 어디서 그런 힘이 났는지 하인에게 호통을 쳐서 음식을 다시 구해 오라며 쫓았습니다.

> 금방이라도 쓰러질 것 같았던 양반은 어디서 그런 힘이 났는지 하인에게 호통을 쳤습니다.
> "이놈아, 얼른 음식을 다시 구해 오지 못해!"

03 내용 파악을 위한 문제

1. 왜 양반은 배가 고팠음에도 하인이 가져온 음식을 먹지 않았을까요?

2. 허세만 부리는 양반에게 우리는 어떤 말을 해 줄 수 있을까요?

9 신선놀음에 도끼자루 썩는다

황해도 구월산은 예로부터 선녀가 내려와 놀다 갈 만큼 경치가 빼어나게 아름다운 곳으로 유명했습니다. 그 구월산 밑에는 한 총각이 살고 있었습니다.

어느 날 총각은 관솔옹지(송진이 많이 엉긴 가지나 옹이)를 구하기 위해 구월산으로 들어가게 되었습니다. 총각은 도끼를 메고 구월산 이곳 저곳을 돌아다니며 관솔옹지를 찾다가 산 중턱에 이르렀습니다.

'우와!'

총각은 눈앞에 펼쳐진 광경에 두 눈이 휘둥그레졌습니다. 산 중턱을 병풍처럼 둘러싸고 있는 깎아 놓은 듯한 바위들과 그 앞에 반듯하게 깔려 있는 넓고 큰 방석돌, 그 옆에는 옥처럼

맑은 샘물이 햇빛에
반짝이며 콸콸콸 시원스레
쏟아져 나오고 있었습니다.
총각은 정신을 가다듬고 다시
한 번 아름다운 모습을 둘러보다가
두 눈이 방석돌에 멈췄습니다.
그 곳에는 흰 옷을 입고 머리에는 선관을
쓴 노인 네 분이 꽃방석에 앉아서 바둑을
두고 있었습니다. 총각은 호기심에 자신도
모르게 노인들 곁으로 다가갔습니다.
총각은 먼저 노인들께 머리 숙여 인사했습니다.
그러자 바둑을 두던 노인 하나가 총각에게
물었습니다.
"너는 여기까지 뭐하러 왔느냐?"
"네, 저는 불을 켤 때 사용할 관솔옹지를 찾으러 왔습니다."
"그래, 찾았느냐?"
"아직 못 찾았습니다."

"그래? 그럼 잠시 쉬었다 가거라."

총각은 노인의 말대로 잠시 쉬기로 하고 노인들 곁에 앉았습니다.

그 때 마침 바둑을 한 판 놀고 난 한 노인이 말했습니다.

"자, 이제 우리 바둑은 그만두고 노래나 한 번 들어보는 게 어떻겠소?"

"그거 좋소."

모두들 찬성하자 또 한 노인이 긴 소매 속에서 단소를 꺼내 들었습니다. 그리고 한 곡조를 불기 시작하니 갑자기 하늘에서 환한 빛이 쏟아지고 오색구름을 탄 팔선녀가 거문고와 비파, 가야금을 들고 노인들 앞으로 살포시 내려와 인사를 하는 것이었습니다.

"어서들 오너라. 오늘이 바로 구월산 놀이날이라 너희들을 불렀느니라. 그러니 너희들의 재주를 마음껏 뽐내 보거라."

노인들은 팔선녀를 반갑게 맞으며 말했습니다. 그러자 팔선녀는 가지고 온 악기들을 연주하며 춤을 추기 시작했습니다. 색색의 치맛자락을 휘날리며 나비처럼, 새처럼 나폴나폴 공중을 날아다니는 모습은 황홀하기 그지 없었습니다.

'내가 지금 꿈을 꾸고 있는 걸까?'

총각은 자신의 눈앞에 펼쳐진 광경에 푹 빠져 정신을 차릴 수가 없었습니다. 그 때 한 노인의 인자한 목소리가 들렸습니다.

"너희들의 자태는 언제 보아도 아름답구나. 자 이제 그만 쉬면서 음식을 좀 먹도록 하자."

노인의 말이 끝나자마자 어느새 방석돌 위에는 지금까지 보지도 듣지도 못한 온갖 귀한 음식들이 차려져 있었습니다. 총각은 이 모습에 또 한 번 놀라 벌어진 입을 채 다물지도 못하고 있자 팔선녀가 다가와 술과 안주를 권하는 것이었습니다.

"이 세상에는 없는 귀한 술입니다."

"이 음식도 한번 드셔 보시지요."

총각은 팔선녀가 주는 대로 정신 없이 받아 먹고 마시다 보니 그만 술에 취해 그 자리에 쓰러져 잠이 들고 말았습니다.

얼마나 지났을까 총각은 한기를 느끼고 눈을 떴습니다.

"아니, 이게 어떻게 된 일이지?"

총각은 벌떡 일어나 주위를 둘러보았습니다. 조금 전까지만 해도 아름답게 펼쳐져 있던 풍경도, 상다리가 휘어지도록 차려져 있던 진수성찬도, 노인도, 선녀도 보이지 않는 것이었습니다. 남아 있는 것이라곤 초라한 방석돌 뿐이었습니다.

'아, 내가 잠시 꿈을 꾸었나 보다. 그럼 그렇지. 세상에 그런 곳이 있을 리가 없지.'

총각은 집으로 돌아가려고 도끼를 찾았습니다. 그런데 어찌 된 일인지 도끼자루가 다 썩어 있고 도끼마저도 절반은 녹슬어 있는 것이었습니다. 게다가 뭔가 허전하여 아래를 내려다보니 입고 있던 옷은 어디로 가고 알몸으로 있는 것이었습니다.

'도대체 무슨 일이 있었던 거지? 어서 산을 내려가야겠다.'

총각은 서둘러 나무 껍질을 벗겨 몸에 대충 두르고 허겁지겁 산을 내려와 마을로 갔습니다.

'이상하다. 마을의 모습이 왜 이렇게 달라졌을까?'

총각은 자신이 살던 집을 찾으려고 했지만 너무나 달라진 마을 모습에 살던 집을 찾을 수가 없었습니다.

총각은 할 수 없이 지나가던 사람을 붙잡고 아무개가 어디 사느냐고 물어보았습니다.

"우리 마을에 그런 사람은 안 사는데요? 영감님은 누구신데 옷도 안 입고 계세요?"

그 사람은 총각을 영감님이라고 부르며 이상한 눈으로 쳐다보았습니다.

"영감님이라니요? 전 아직 장가도

안 간 총각인데요?"

"네? 영감님, 무슨 말씀이세요? 잠깐 이리로 오세요."

그 사람은 총각의 말에 깜짝 놀라며 총각을 거울이 있는 곳으로 데리고 갔습니다.

"자, 여길 한번 보세요."

"아니, 이럴 수가!"

거울 속에 비친 사람은 구월산에 관솔옹지를 구하러 간 총각이 아니었습니다. 거울엔 한 번도 본 적 없는 노인이 놀라 입을 다물지 못하고 있었습니다.

'아, 내가 언제 이렇게 호호백발 노인이 되었단 말인가!'

총각은 하도 기가 막혀 그 자리에 털썩 주저앉고 말았습니다.

이 때부터 한 가지 일에 빠져 시간 가는 줄 모르고 놀 때 "신선놀음에 도끼자루 썩는다."라는 말을 쓰게 되었다고 합니다.

01 '꿈'은 여러 가지 의미로 쓰일 수 있는 말입니다. 각각의 예를 들고 그 예에 따라 짧은 글을 지어 보세요.

예 어젯밤 무서운 꿈을 꾸었다.
예 나의 꿈은 의사가 되는 것이다.

02 영감님이 된 총각은 그 후에 어떻게 되었을까요? 여러분의 상상으로 뒷글을 이어 보세요.

03 내용 파악을 위한 문제

1. 신선을 따라간다면 좋을 구경을 할 수는 있지만 금방 노인이 되어 버리지요. 만약 여러분 앞에 총각의 경우처럼 신선이 나타난다면 여러분은 어떻게 할지 써 볼까요?

2. 내가 만약 총각처럼 순식간에 노인이 된다면 어떨까요? 주위 사람들에게 그 동안에 있었던 일을 어떻게 설명할지 써 보세요.

속담풀이

- **개똥밭에 이슬 내릴 때가 있다.**
  아무리 천하고 가난한 사람이라도 행운을 잡을 기회가 온다.
  → 쥐구멍에도 볕들 날이 있다.

- **개 발에 편자**
  무슨 일이고 그것에 어울리지 아니하는 것을 두고 이르는 말
  → 돼지 목에 진주 목걸이

- **거지도 부지런해야 더운 밥 얻어먹는다.**
  사람은 무릇 부지런해야 잘 살 수 있다.
  → 개도 부지런해야 더운 똥을 얻어먹는다.

- **곡식 이삭은 잘 익을수록 고개를 숙인다.**
  곡식의 이삭은 잘 익을수록 고개를 숙이듯이 배운 사람일수록 교만하지 않고 겸손하다.
  → 조 이삭은 팰수록 고개를 숙인다.

- **곤장을 메고 매 맞으러 간다.**
  가만히 있었더라면 아무 일도 없었을 것을 공연히 스스로 화를 불러들였다.
  → 형틀 가지고 와서 볼기 맞는다.

10 꿩 구워 먹은 자리

어느 산골 마을에 늙은 어머니를 모시고 사는 젊은 부부가 있었습니다.
그런데 남편이라는 사람이 자기 몸은 끔찍하게 챙기면서도 아내나
어머니께는 아주 인색했습니다.
또한 일은 하지 않고 빈둥빈둥 놀면서 틈만 나면 산에 올라가 꿩을
잡았습니다. 그래서 언제나 힘든 일은 아내와 어머니의 몫이었습니다.
"그 뒤에 감춘 게 뭐예요?"
사립문을 막 들어서는 남편이 급하게 뭔가 뒤로 숨기는 것을 본 아내가
물었습니다.
"뭐긴 뭐야, 아무 것도 아니야."
남편은 대충 얼버무리고는 얼른 부엌으로 들어가는 것이었습니다.
아내는 남편의 행동이 의심스러웠습니다.
그 날 밤, 남편은 아내가 잠든 것을 확인하고는 몰래 자리에서
일어났습니다. 그리고 어머니 방문 앞에서 잠시 귀를 기울이더니 어머니의
코고는 소리가 나자 안심하고 부엌으로 들어갔습니다.
'이제야 꿩고기를 마음놓고 먹을 수 있겠네. 아휴, 낮에는 들키는 줄 알고
깜짝 놀랐네.'

남편은 이렇게 중얼거리며 땔나무 사이에서 꿩을 꺼내 구워 먹기 시작했습니다.

꿩고기를 혼자서 거의 다 먹은 남편은 그 자리를 흔적도 없이 깨끗이 치워 놓았습니다.

그 모습을 몰래 지켜보던 아내는 기가 막혔습니다. 아내는 낮에 남편의 행동이 하도 수상해서 잠든 척하고 있다가 남편의 뒤를 따라나왔던 것이었습니다.

'매일 밤 저렇게 혼자 꿩고기를 구워 먹었단 말이지? 어쩐지 밤마다 어딜 가나 했더니……. 저렇게 말끔히 치워 놓으니 알 수가 없었지.'

아내는 남편이 무척 야속했습니다.

'검은 머리 파뿌리가 되도록 서로 의지하며 살자고 해놓고 자기 입만 즐기고, 자기 배만 채우고 있었단 말이지. 그래도 나는 괜찮아. 나이 드신 어머님을 모시고 사는 아들이 어떻게 저럴 수가 있을까?'

아내는 맛있는 음식 한 번 제대로 잡수시지 못한 어머니를 생각하니 남편의 행동이 더 용서가 안 됐습니다. 아내는 남편이 남은 꿩고기를 어디에 숨겨 두는지 가만히 지켜보았습니다.

다음 날, 아내는 남편이 나간 사이 어젯밤 그 꿩고기를 찾아 얼른 구워 어머께 드렸습니다.

"아가, 이게 무슨 고긴데 이렇게 맛있니?"

"예, 어머니. 아범이 잡아 온 꿩고기예요. 많이 드세요."

"그래, 정말 맛있구나. 아가, 이건 아범 주거라."

어머니는 이렇게 말하며 꿩 다리를 따로 남겨 놓는 것이었습니다.
"아니에요. 아범 것은 남겨 놓았어요. 어머니 많이 드세요."
아내는 아들을 생각하는 어머니를 보니 남편이 더욱 미워졌습니다.
그 날 밤, 남편은 다른 날과 마찬가지로 아내와 어머니가 잠든 것을 확인하고 부엌에 나와 전날 숨겨 둔 꿩고기를 찾기 시작했습니다.
'이상하다. 분명 여기다 두었는데 이게 어딜 갔을까?'
남편이 아무리 찾아도 꿩고기가 보이지 않자 답답하기만 했습니다. 그렇다고 어머니나 아내에게 물어볼 수도 없는 노릇이었습니다. 남편은 할 수 없이 그 동안 꿩을 구워 먹었던 자리에 앉아 꿩맛을 생각하며 입맛만 쩝쩝 다시고 있었습니다. 이 모습을 지켜보던 아내는 남편의 등에 대고 말했습니다.
"아니, 한밤중에 할 일 없이 왜 꿩 구워 먹은 자리에 앉아 있는 거예요? 불 땐 재도 없는데요."
그제서야 남편은 아내가 모든 것을 알고 있다는 것을 알았습니다. 남편은 자신의 잘못을 알았는지 얼굴도 들지 못한 채 한동안 꿩 구워 먹은 자리에 꼼짝 않고 앉아만 있었습니다.
이 때부터 어떤 일을 하고 나서 흔적도 남기지 않았을 때 "꿩 구워 먹은 자리"라는 말을 쓰게 되었답니다.

01 이 이야기에서는 왜 하필 꿩고기가 등장했을까요? 닭고기나 오리고기가 아닌 꿩고기를 쓴 이유를 선생님께 여쭤워 보고 그 내용을 간결히 설명해 보세요.

02 꿩을 비롯한 '새'와 관련된 속담을 아는 대로 써 보세요. 친구들과 함께 각각 쓴 속담을 이야기해 보고, 자신이 몰랐던 새에 관한 속담을 써 보세요.

03 내용 파악을 위한 문제

1. 남편은 어머니에게, 또 아내에게 어떤 잘못을 했나요?

2. 남편의 잘못을 아내가 직접 말하지 않았지만 남편은 자신의 잘못을 스스로 뉘우쳤어요. 여러분이 남편의 아내라면 어떻게 했을까요?

3. '꿩'이 들어간 다른 속담에는 어떤 것이 있을까요? 3개만 찾아보세요.

속담풀이

- **공것이라면 양잿물도 들고 마신다.**
  욕심이 많아서 공것이라면 무엇이든 즐긴다.
  → 공것이라면 비상도 먹는다.

- **군밤에서 싹 나거든**
  아무리 이루기를 원해도 소용이 없다.
  → 볶은 콩에 싹이 날까.

- **굼벵이도 밟으면 꿈틀한다.**
  너무 업신여기거나 괄시하면 하찮은 것도 대든다.
  → 지렁이도 밟으면 꿈틀거린다.

- **까막까치도 집이 있다.**
  집 없는 신세를 한탄하는 말
  → 집도 절도 없다.

- **꿩 잡는 것이 매**
  1. 꿩을 잡지 않으면 매라고 할 수 없듯이 실지로 제구실을 해야 한다.
  2. 남이 뭐라 하건 실력으로써 얼른 일을 이루는 게 상책이다.
  → 꿩 잡는 것이 매라고, 병 고치는 것이 의원이지.

11 무쇠도 갈면 바늘이 된다

어릴 때부터 책읽기를 좋아하던 소년이 있었습니다. 그러나 책을 읽는 일이 늘 즐거운 것만은 아니었습니다. 처음에는 쉽고 재밌기만 하던 책이 시간이 지날수록 내용도 많아지고 어려워졌습니다. 점점 어려운 책을 읽으려니 짜증도 나고 싫증도 났습니다. 그래서 서당에서 공부를 하다말고 도망친 적이 한두 번이 아니었습니다.

'무슨 말인지 도대체 못 알아듣겠어. 뜻도 모르는 글을 그냥 이렇게 읽고 있어야 하나? 이런 게 어떤 의미가 있을까?'

소년은 재미 없는 글을 읽고 있으려니 자꾸 딴 생각만 나고 놀러 가고 싶은 마음만 들었습니다.

'아, 날씨도 좋고 새들 노랫소리도 듣기 좋구나! 개울에 가서 고기 잡기나 했으면 좋겠다.'

이런 생각이 들자 소년은 더 이상 그 자리에 앉아 있을 수가 없었습니다.

'에라 모르겠다. 일단 밖으로

떡국이 　　바늘

'나가고 보자.'
소년은 모두 열심히 공부하고 있는 수업중에 갑자기 벌떡 일어났습니다.
그리고 마치 급한 일이라도 생긴 사람처럼 서둘러 밖으로 나왔습니다.
그런 소년을 보며 다른 친구들은 의아해했습니다.
'아, 좋다!'
답답하고 따분한 책 속에서 해방된 소년의 발걸음은 새털같이
가벼웠습니다. 소년은 콧노래를 부르며
길을 가고 있었습니다.
'어, 저 할머니께선 뭘 하고
계신거지?'
개울에서 놀 생각에 마음이
들떠 있던 소년에게 큰길
한쪽에서 할머니 한 분이
쭈그리고 앉아 무엇인가
열심히 하고 있는 모습이
보였습니다.

단숨에 할머니 곁으로 달려간 소년은 할머니의 어깨 너머로 할머니가 하시는 일을 지켜보았습니다.

할머니는 쇠공이를 숫돌에다 열심히 갈고 있었습니다.

"할머니, 지금 뭘 하고 계신 거예요?"

소년은 가까이 다가가서 할머니가 하시는 일을 보고 놀라 물었습니다.

"어, 쇠공이를 갈고 있지."

할머니는 아무렇지도 않게 말씀하셨습니다.

"왜 쇠공이를 가시는데요? 쇠공이를 갈아서 뭘 만드시려고요?"

"바늘을 만들려고 그러지."

할머니의 대답을 들은 소년은 또 한 번 놀랐습니다. 아무리 총명하다는 말을 듣는 소년이었지만 어떻게 쇠공이를 갈아서 바늘을 만들 수 있는지 이해할 수 없었기 때문이었습니다.

"할머니, 어떻게 이렇게 큰 쇠공이로 조그마한 바늘을 만들어요?"

소년은 다시 할머니께 물었습니다. 그러자 할머니는 잠시 움직이던 손을 멈추고 소년을 한번 쳐다보시더니 이렇게 말씀하셨습니다.

"애야, 나는 얼마 전부터 이 쇠공이를 갈고 있단다. 내가 매일 이렇게 꾸준히 쇠공이를 간다면, 언젠가는 아무리 큰 쇠공이라도 바늘이 될 거란다."

할머니는 말씀을 끝내고 다시 쇠공이를 숫돌에 갈기 시작했습니다.

'그래, 이제 알겠어. 사람이 무슨 일을 하려고 마음먹었으면 중간에 포기하지 않고 날마다 열심히 해야 해. 그러면 세상에 해내지 못할 일은 없을 거야. 지금 공부하는 것도 마찬가지야. 지금 나에게 사서니, 경전이니 하는 책들은 어려운 책이지만 매일 꾸준히 읽고, 또 읽고 하다 보면 언젠가는 그 책의 내용들을 다 알게 되겠지.'
소년은 할머니의 말씀에 새로운 깨달음을 얻게 되었습니다.
소년은 그길로 다시 서당으로 돌아갔습니다. 그리고 어렵고 따분하다던 책을 펴들고 다른 때와는 다른 모습, 다른 마음으로 열심히 공부했습니다. 그리고 그렇게 몇 년이 지난 후 그 소년은 나라에서 제일 가는 유명한 시인이 되었습니다.
그 뒤부터 아무리 불가능해 보이는 일이라 할지라도 열심히 노력하면 마침내 이루어 낼 수 있다는 뜻으로 "무쇠도 갈면 바늘이 된다."라는 말을 쓰게 되었답니다.

01 다음 단락에서 나오는 일과 같은 경험이 자신에게도 있었는지 생각해 보고 그 일을 친구에게 들려주는 형식으로 써 보세요.

> "애야, 나는 얼마 전부터 이 쇠공이를 갈고 있단다. 내가 매일 이렇게 꾸준히 쇠공이를 간다면, 언젠가는 아무리 큰 쇠공이라도 바늘이 될 거란다."
> 할머니는 말씀을 끝내고 다시 쇠공이를 숫돌에 갈기 시작했습니다.
> '그래, 이제 알겠어. 사람이 무슨 일을 하려고 마음먹었으면 중간에 포기하지 않고 날마다 열심히 해야 해. 그러면 세상에 해내지 못할 일은 없을 거야. 지금 공부하는 것도 마찬가지야. 지금 나에게 사서니, 경전이니 하는 책들은 어려운 책이지만 매일 꾸준히 읽고, 또 읽고 하다보면 언젠가는 그 책 내용들을 다 알게 되겠지.'

02 이 글을 원고지 2장 정도의 분량으로 요약해 보세요.

03 내용 파악을 위한 문제

1. 할머니가 쇠공이를 갈고 있었던 이유를 설명해 보세요.

2. 여러분에게 현재 가장 힘든 것은 어떤 것인가요? 지금은 힘들지만 그 일을 참아 냈을 때의 모습을 상상하며 글을 써 보세요.

속담풀이

- **나룻이 석 자라도 먹어야 샌님**
  체면을 차리고 먹지 않다가는 아무 일도 하지 못한다.
  → 수염이 대자라도 먹어야 양반

- **남을 물에 넣으려면 저 먼저 물에 들어간다.**
  죄 없는 남을 트집잡아서 모함하려는 사람은 도리어 제가 화를 당한다.
  → 남 잡으려다 제가 잡힌다.

- **낫 놓고 기역자도 모른다.**
  글을 읽지 못하는 사람을 이르는 말
  → 가갸 뒷자도 모른다.

- **낫으로 눈을 가린다.**
  미련하여 당치도 않은 방법으로 제 잘못이나 흔적을 감추려고 하나 감추어지지 않는다.
  → 가랑잎으로 눈을 가린다.

- **낮말은 새가 듣고 밤말은 쥐가 듣는다.**
  말조심해라.
  → 발 없는 말이 천리 간다.

12 삶은 소가 웃다가 꾸레미 터지겠다

한 마을에 양반 가족이 새로 이사를 왔습니다. 그런데 이 양반이 어찌나 무식했던지 글자 하나도 읽지 못하는 사람이었습니다. 그는 어릴 때부터 공부란 소리만 들어도 머리가 지끈지끈 아플 정도로 공부하는 것을 싫어했습니다.

부모님이 글공부를 시키려고 방에 가둬 놓고, 도망가지 못하게 묶어 놓아도 용케 빠져 나가 밖에서 실컷 놀다 들어오곤 했습니다. 그러다 보니 결국 글자 하나 읽을 수 없는 까막눈이 되고 말았습니다.

양반은 어른이 되고 보니 돈과 권세로 못 할 것이 없었지만, 무식한 까막눈이라는 것을 부끄럽고 창피하게 여겼습니다. 그래서 사람들 앞에서는 학식이 많은 사람처럼 일부로 꾸며서 행동하곤 했습니다.

"저, 글을 읽지 못해서 그런데 대신 이 편지 좀 읽어 주십시오."

어쩌다 가난해서 글공부를 하지 못한 사람들이 편지를 읽어달라고 가져오면, 대뜸 이렇게 호통쳤습니다.

"어허, 이놈 보게나. 내가 겨우 너희 같은 놈들의 편지나 읽어 주려고 비싼 돈 들여가며 눈 빠지게 공부했는 줄 알아? 어서 썩 물러가지 못해!"

또 마을 유지들과 이야기를 하다 학문에 대한 이야기가 나오면,

슬며시 화제를 바꾸곤 했습니다.

"자, 우리 머리 아프게 그런 이야기는 그만두고 술이나 한 잔 합시다."

바람이 몹시 불던 어느 날이었습니다.

"대감마님, 아기씨에게서 편지가 왔습니다요."

양반집 하인이 눈을 비비며 들어와 딸의 편지를 건네 주었습니다.

양반은 딸의 편지란 말에 얼른 편지를 받았습니다.

그리고는 슬쩍 하인의 얼굴을 보았습니다. 그런데 웬일인지 하인이

눈물을 흘리고 있었습니다.

'어라? 저놈이 혹시 이 편지를 읽었나? 그렇다면 왜 울지? 설마…….'

편지를 가져다 준 하인은 글을 읽을 줄 알아 다른 하인들보다 똑똑하다는

소리를 듣고
있던 터였습니다.
그 때문에 양반은
틀림없이 나쁜 내용이 담긴
편지일 것이라고 확신했습니다.
바람이 불어 눈에 티가 들어간 탓에 하인이
눈물을 흘리고 있는 것이라고는 생각지도
못했던 것입니다.

편지를 받아든 양반은 얼른 아내를 불렀습니다.
그리고는 아내에게 심각한 목소리로 말했습니다.
"여보, 아무래도 이상하오. 우리 딸에게 무슨 일이 생긴 것 같소."
"그게 무슨 말씀입니까?"
아내는 딸에게 무슨 일이 생겼다는 말에 깜짝 놀라 가슴이 두근거리기
시작했습니다.
"방금 하인 놈이 이 편지를 갖다 주면서 눈물을 훔치지 않겠소?
분명 안 좋은 일이 생긴 게요."
"도대체 무슨 일이 생겼다는 거예요. 가만 있자. 그러고 보니 이 달이
딸애가 해산할 달인데……."
아내는 끝말을 잇지 못한 채 남편을 바라보았습니다.
"아이고, 그렇다면 우리 애가 아이를 낳다가……."

"아이를 낳다가 뭐요?"

아내는 남편의 말에 다급하게 물었습니다.

"그러니까 이 편지가 딸애가 아이를 낳다가 죽었다는 편지구료."

양반은 편지를 거꾸로 든 채 흔들며 말했습니다.

"뭐라고요? 우리 딸이 죽었다구요? 아이고 내 딸아!"

아내는 방바닥을 치며 통곡하기 시작했습니다. 양반도 딸의 이름을 부르며 통곡하기 시작했습니다. 순식간에 집안은 울음바다로 변했습니다.

잠시 후, 곡소리에 놀란 동네 사람들이 양반집으로 몰려들었습니다.

"아니 도대체 무슨 일이에요?"

"글쎄, 우리 딸이 애를 낳다가 그만 죽었다네. 아이고, 불쌍해라."

아내는 더욱더 서럽게 울었습니다.

"잠깐 편지 좀 봅시다."
구경하던 사람 중에 한 사람이 양반이 아직도 쥐고 있는 편지를 나꿔채 읽기 시작했습니다. 그러더니 갑자기 큰 소리로 웃기 시작했습니다.
그 웃음소리에 놀란 동네 사람들과 양반 부부는 그 사람을 쳐다보았습니다.
"이 편지 어디에 딸이 죽었다고 써 있습니까? 딸이 쌍둥이를 낳았다는 편지인걸요."
"예?"
그 곳에 모인 사람들은 편지 내용을 듣고 모두들 배를 움켜잡고 한바탕 큰 소리로 웃었습니다.
그리고 저마다 한 마디씩 했습니다.
"박식한 양반님, 정말 당신의 박식함에는 삶은 소가 웃다 꾸레미 터지겠습니다."
"그러게 말입니다. 그 박식함이 딸을 죽였습니다."
동네 사람들의 비웃음에 양반과 그의 아내는 아무 말도 못 한 채 고개만 숙이고 있었습니다.
이 때부터 도저히 웃을 수 없는 삶은 소도 너무 황당하고 어이가 없어 입을 벌려 웃다가 꾸레미(소의 입에 씌운 망)가 터지겠다는 뜻으로 "삶은 소가 웃다 꾸레미 터지겠다."라는 말을 쓰게 되었답니다.

01 '까막눈'이라는 단어의 뜻을 아는 대로 설명해 보세요. 그리고 이 단어를 사용해서 짧은 글을 2개 이상 지어 보세요.

02 '편지'란 무엇인지 자신이 생각하는 바를 써 보세요.

03 내용 파악을 위한 문제
  1. 양반은 글자를 왜 못 읽게 되었을까요?

  2. 양반은 왜 편지의 내용이 나쁜 것이리라 짐작했을까요?

  3. 글을 읽지 못하는 양반에게 글을 못 읽어서 생기는 일들에는 어떤 것이 있을 수 있을까요?

  4. 원래 딸의 편지는 어떤 내용이었을까요? 여러분이 이 글을 읽고 딸의 편지를 만들어 보세요.

엄마와 선생님이 도와 주는 논술 교실

3장_ 줄거리 파악하기

어떤 글의 줄거리를 명료하게 파악하는 것은 독서의 기본이며, 논술의 첫걸음입니다. 만약 줄거리를 모른다면 그것은 읽은 내용을 제대로 이해하고 있지 못하다는 것을 말합니다. 줄거리를 정리하는 방법은 다음과 같습니다. 첫째, 주인공의 행동을 따라가며 요약하는 방법입니다. 여기선 줄거리에 필요한 중요한 사건만 골라 내고, 그다지 중요하지 않은 사소한 사건은 과감히 버리는 판단력이 중요하답니다. 둘째, 시간 순서와 장소의 옮김에 따라 줄거리를 파악하는 요령입니다. 주인공의 시간과 장소의 이동에 따른 줄거리 파악은 주인공의 행동에 따른 요약과 비슷해 보이지만, 행동에 따른 요약은 시간과 장소의 지정이 애매할 때 사용합니다. 특히 시간과 장소에 따라 요약하기는 장편동화와 같은 긴 글을 읽고 정리할 때 아주 유용하게 사용할 수 있습니다.

13 개구리가 올챙이 적 생각 못 한다…

 오래 전, 높은 벼슬을 하는 선비가 있었습니다. 그에게는 아주 잘생기고 공부를 많이 한 아들이 있었습니다. 그 덕분에 도령이 스무 살이 되던 해부터 이곳 저곳에서 혼삿말이 오고갔습니다.
 그러나 도령은 그 때마다 코웃음을 치곤 했습니다.
 '쳇! 그 정도의 여자는 안 돼. 내가 누군데……'
 콧대가 높아질 대로 높아진 도령은 무조건 더 잘난 여자만 찾았습니다.
 그러던 어느 날이었습니다. 도령의 집에 갑자기 포졸들이 들이닥쳤습니다.
 "여봐라, 죄인은 나와 어명을 받아라."
 "아니, 도대체 왜 이러는 겁니까?"
 "죄인은 임금님의 명을 어기고 역적 모의를 했소."

주인공의 행동을 따라가며 줄거리를 정리하기 위해서는 주인공과 주변 환경의 변화, 그에 따른 사건과 주인공의 성격의 변화에 주의해야 합니다. 돈 많고 거만하던 주인공의 주위 환경이 갑자기 변했습니다. 앞으로 어떤 일이 일어날지 앞뒤를 잘 비교하면서 읽어 보세요.

도령의 물음에 포졸 하나가 대답했습니다. 그리고는 재빨리 아버지를 꽁꽁 묶어 데리고 갔습니다.

그 날부터 도령의 아버지는 역적 죄인으로 몰려 옥에 갇히고 마는 신세가 되고 말았습니다.

도령은 집도 뺏기고 모든 재산도 빼앗긴 채 변두리의 허름한 초가집으로 쫓겨났습니다.

사정이 이렇게 되고 보니 이제는 도령에게 관심을 갖는 사람이 아무도 없었습니다. 왜냐하면 공연히 역적의 아들과 어울렸다가 자신도 역적으로 몰릴까 두려웠던 것입니다.

게다가 이미 집과 재산을 모두 빼앗긴 가난뱅이 도령을 좋아할 사람은 아무도 없었습니다.

'이럴 수가! 하루 아침에 거지 신세가 되어버리다니…….'

도령은 자신의 신세가 한없이 비참하고 불쌍했습니다. 나뭇짐을 해다 팔아야 겨우 먹고 살게 된 자신의 처지가 더없이 처량해 보였습니다.

마을 사람들은 역적 죄인의 아들이라며 도끼 한 자루, 낫 한 자루도 빌려 주려 하지 않았습니다. 도령의 집에 어려운 일이 생겨도 아무도 도와 주지

사람들이 도령을 대하는 태도가 너무나도 달라졌어요. 처음에 도령을 대했던 모습과 비교하여 어떤 점이 어떻게 달라졌는지 써 보세요. 이 사람들에게 여러분은 어떤 말을 해 줄 수 있을까요?

않았습니다. 심지어 말을 거는 사람조차 없었습니다.

단 한 사람, 이웃집 처녀만은 달랐습니다. 처녀는 도령에게 말도 걸고 음식도 나누어 주곤 했습니다. 어려운 일이 생기면 함께 이야기를 나누기도 했습니다.

얼굴도 예쁘지 않고, 부잣집 처녀도 아니었지만, 처녀의 따뜻한 마음을 알게 된 도령은 처녀를 좋아하게 되었습니다.

"낭자, 나는 그대와 꼭 혼인할 거요."

도령이 처녀에게 약속하자 처녀도 말없이 얼굴을 붉히며 고개를 끄덕였습니다.

그 즈음, 다행스럽게도 아버지의 누명이 벗겨졌습니다.

"애야, 누명이 벗겨졌단다. 나를 시기하던 벼슬아치가 나를 역적으로 내몰았다는구나. 임금님께서도 그 사실을 알고 나를 풀어 주셨단다."

도령의 아버지는 그 다음 날로 다시 높은 벼슬을 되찾았습니다. 물론 도령도 다시 옛날처럼 귀한 몸이 되었습니다.

또다시 사람들은 도령의 집을 드나들었습니다. 옛날에도 그랬던 것처럼 딸을 가진 사람들은 도령과 자신의 딸을 혼인시키고 싶어 했습니다.

주인공의 상황이 다시 한 번 변화를 일으킵니다. 부자였다가, 가난했다가, 다시 부자가 됩니다. 제일 처음의 행동 변화를 생각하면서 다시 부자가 된 도령의 행동을 잘 살펴보세요.

그래서였을까요? 도령의 마음이 변해 버렸습니다. 도령은 혼인까지 약속한 처녀를 모른 체했습니다. 왜냐하면 그 처녀보다 훨씬 더 예쁘고, 재산도 많은 처녀들이 줄을 섰기 때문입니다.

이윽고 도령은 부근에서 가장 아름답고 재산도 많은 처녀와 약혼을 하게 되었습니다.

"도련님, 어찌 하루 아침에 마음이 변하실 수 있단 말입니까?"

처녀는 도령을 찾아와 눈물을 흘리며 말했습니다. 하지만 도령은 처녀를 거들떠보지도 않았습니다.

"옛날은 옛날이고 지금은 지금이요. 그러니 어서 내 곁을 떠나시오."

도령은 냉정하게 말했습니다. 그리고는 두 번 다시 처녀를 만나지 않았습니다. 처녀는 도령이 야속했지만 어쩔 수가 없었습니다.

그러던 어느 날이었습니다. 도령의 혼인을 얼마 남겨 두지 않은 때였습니다. 도령의 아버지는 또다시 잡혀가는 신세가 되고 말았습니다. 이번에는 누명이 아니라 정말로 큰 죄를 짓고 제주 땅으로 귀양을 가게 된 것입니다.

도령은 다시 집과 재산을 빼앗기고 변두리의 한적한 시골로 쫓겨났습니다. 그러자 도령과 약혼했던 처녀는 그날로 도망쳐 버렸습니다.

또 한 번 주인공의 주변 환경이 변화를 일으킵니다. 지금까지 꼼꼼히 읽었다면 주인공이 자신의 환경이 변화함에 따라 말과 행동이 달라진다는 것을 알 수 있지요? 이번에도 그런 변화를 잘 살펴보아야 합니다.

더 이상 그 누구도 도령에게 관심을 가지지 않았습니다.

도령은 자신이 버린 처녀를 찾아갔습니다.

'그래, 그 마음 착한 처녀만은 나를 받아 줄 거야.'

그러나 처녀는 이미 다른 곳으로 시집을 가고 없었습니다. 크게 충격을 받은 도령은 몸져 눕고 말았습니다.

'아, 나는 왜 옛날 생각을 못 하고 그런 어리석은 짓을 했을까.'

도령이 아무리 후회해도 소용이 없었습니다. 도령의 병은 깊어만 갔습니다. 그렇게 보름이 지났을 때에는 아예 일어날 수도 없었습니다. 그러나 아무도 도령을 찾아오지 않았습니다.

결국 도령은 한 달을 넘기지 못하고 숨이 끊어지고 말았습니다. 사람들은 도령의 죽음을 두고 이렇게 말했습니다.

"흥! 변덕쟁이, 결국 죽고 말았군."

"왜 아니겠어. 개구리가 올챙이 시절을 모른다더니 그 말이 꼭 맞는군."

이 때부터 도령처럼 지난날의 미천하거나 어렵던 때의 일을 생각하지 않고 행동하는 경우에 "개구리가 올챙이 적 생각 못 한다."라는 말을 사용했다고 합니다.

01 주인공의 행동의 변화를 살펴봅시다.

	아버지가 잡히기 전	아버지가 잡혀간 후	아버지가 돌아온 후	아버지가 다시 잡혀간 후
도령의 행동				
주위 사람들의 행동				

02 표로 만들어진 내용을 이어지는 글로 다시 만들어 봅시다.

03 자신이 정리한 표를 바탕으로 이 글에서 얻은 교훈을 정리해 봅시다.

04 이 글의 제목 "개구리가 올챙이 적 생각 못 한다."에서 개구리와 올챙이가 의미하는 것이 무엇인지 말해 보세요.

05 내용 파악을 위한 문제
   1. 도령은 왜 자신을 도와 준 처녀를 버렸을까요?

   2. 도령에게 여러분은 어떤 충고의 말을 해 줄 수 있을까요?

   3. 여러분이 만약 처녀였다면 자신을 버린 도령에게 어떻게 했을지 써 보세요.

14 간에 붙고 쓸개에 붙는다

"정말 배가 고파서 못 견디겠군. 어디 먹을 것 좀 없을까?"
한 마리의 여우가 어슬렁거리며 산 속을 헤매고 있었습니다. 여우는
몇 일을 못 먹었는지 배가 홀쭉했습니다. 하지만 아무리 둘러보아도
작은 짐승들은 한 마리도 눈에 뜨이지 않았습니다.
그런데 문득 숲 속에서 늑대와 이리의 울음소리가 들렸습니다. 아무래도
둘이 싸우고 있는 듯했습니다. 여우는 조심스럽게 다가가

늑대와 이리를 지켜보았습니다.

"이놈아! 이건 내 것이야. 내가 잡았단 말야."

"무슨 소리야! 이놈은 내가 잡은 거야. 그러니 내가 가져가야 해."

가만히 살펴보니 노루 한 마리를 가운데 놓고 싸우는 중이었습니다.

그 모습을 본 여우는 좋은 생각이 났습니다.

"옳지! 저 노루를 내가 빼앗아야겠다."

여우는 씩 웃으며 천천히 늑대와 이리에게 다가갔습니다.

"늑대님, 그리고 이리님, 무엇 때문에 두 분이 싸우고 있나요?"

"오, 여우 왔구나. 이놈이 글쎄 내 먹이를 자기 것이라고 우기고 있지 뭐냐."

"아니란다. 저 늑대란 놈이 내가 잡은 노루를 제 것이라고 우기고 있는 거란다."

여우의 물음에 늑대와 이리가 차례로 대답했습니다. 이 때를 기다렸다는
듯이 여우가 말했습니다.

"참으로 답답하군요. 사내대장부들이 뭘 그런 것을 가지고 토닥거리세요.
자, 얼른 남자답게 결투를 하세요. 그래서 이긴 쪽이 노루를 가져가면
될 것 아니에요."

늑대와 이리는 좋은 생각이라는 듯 고개를 끄덕였습니다.

이리와 늑대를 싸우게 해서, 둘 다 지치면 그 먹이를 자신이 차지하려는
여우의 속셈은 아무도 알아채지 못했습니다.

"좋다! 어디 누가 이기나 해 보자!"

늑대와 이리는 이렇게 말하며 서로를 향해 무섭게 달려들었습니다.

늑대는 이리의 목덜미를 물었고, 이리는 늑대의 가슴을 쥐어뜯었습니다.

늑대와 이리의 싸움은 오랫동안 계속되었습니다. 서로 물고 뜯고
할퀴었지만 좀처럼 승부가 나지 않았습니다. 먼저 지친 쪽은
이리였습니다. 이리는 늑대에게 물린 목이 너무나 아파 그만 물러서고
말았습니다.

"늑대, 이놈. 가만 안 있을 테다."

이 말을 남기고 이리는 숲 속으로 사라졌습니다.

늑대와 이리의 싸움을 지켜보고 있던 여우는 좀 아쉬웠습니다. 둘 다
지쳐 쓰러지면 얼른 노루를 물고 도망갈 생각이었지만 늑대는 아직도 힘이
남아 있었습니다.

그렇다고 먹이를 포기할 여우가 아니었습니다. 여우는 얼른 늑대 옆으로 바싹 다가갔습니다.

"늑대님, 축하드려요. 그것 보세요. 제가 결투를 하라고 했잖아요. 저는 늑대님이 이길 거라고 생각했거든요. 그래서 결투를 하라고 한 것이었답니다."

여우는 늑대에게 아양을 떨며 말했습니다. 그래야 노루 고기 한 점이라도 얻어먹을 수 있을 것 같아서였습니다.

"허허, 정말이냐? 내가 이길 것을 알고 있었단 말야?"

"그럼요. 힘센 늑대님이 이기시는 게 당연하죠."

"정말 기특하구나. 그럼, 이리 와서 같이 노루 고기를 먹자꾸나."

여우와 늑대가 막 노루 고기를 먹으려고 하는데 갑자기 숲 속에서 이리가 다시 나타났습니다.

"이놈, 늑대야. 내 친구들을 불러 왔다. 그러니 노루를 내게 넘겨라."

이리의 주변에는 서너 마리의 이리들이 늑대를 향해 으르렁거리고 있었습니다.

그러자 여우는 다시 머리를 굴려 생각했습니다.

'큰일이로구나. 이러다가는 뼈다귀 하나도 얻어먹지 못하겠는데……. 옳지! 그러면 되겠구나.'

고민하던 여우는 문득 좋은 생각이 떠올랐는지 다시 늑대에게로 다가갔습니다.

"늑대님, 이러다가는 노루를 뺏기고 말겠어요. 어서 노루를 끌고 벼랑 끝으로 가세요. 이리 떼를 그 쪽으로 유인하면 제가 이리 떼를 벼랑으로 밀어 버릴게요. 자, 어서요."
"음, 정말 그러면 되겠구나."
늑대는 여우의 속셈은 알지도 못하고 여우가 시키는 대로 노루를 질질 끌고 벼랑 끝으로 갔습니다. 여우는 그 때 늑대가 눈치 채지 못하게 재빨리 이리에게 가서 속삭였습니다.
"이리님, 제가 저 놈을 벼랑으로 끌고 갈 테니 벼랑에서 확 밀어떨어뜨리세요. 구태여 힘들게 싸울 필요가 뭐 있겠어요."
"옳지! 좋은 생각이구나."
벼랑 끝에 다다르자 다시 늑대와 이리 떼들이 싸우기 시작했습니다. 그것을 보며 여우는 생각했습니다.

"잘 싸운다. 어서 싸워라! 싸우다가 지치면 내가 네놈들을 모두 벼랑으로 밀어버릴 테다. 흐흐흐."

음흉한 미소를 지으며 여우는 늑대와 이리의 싸움을 지켜보고 있었습니다.

그 때 어디선가 왁자지껄한 소리가 들렸습니다. 돌아다보니 멧돼지, 사슴, 살쾡이, 독수리 등 온갖 짐승들이 벼랑 쪽으로 달려오고 있었습니다.

자신들의 친구인 노루를 죽인 늑대와 이리를 쫓아 내려고 달려온 것이었습니다.
"늑대와 이리를 쫓자 내자."
힘이 센 이리와 늑대였지만 한꺼번에 달려드는 동물들을 당해 내기에는 역부족이었습니다. 늑대와 이리 떼는 짐승들을 피해 뒷걸음질치다가 결국 벼랑으로 굴러 떨어지고 말았습니다. 이제 남은 것은 여우뿐이었습니다.
'저런! 어쩌지? 이러다가는 노루 고기는커녕 내 목숨까지 위험하겠는걸.'
여우는 잠시 고민하는 듯하더니 짐승들 앞으로 나서며 말했습니다.
"어서 오십시오. 여러분, 내가 노루의 죽음을 슬퍼하여 이리와 늑대를 이리로 유인해서 벌을 주려고 했는데 마침 여러분들이 오셨군요. 자, 이제 노루님은 내가 곱게 묻어 줄 테니 어서 돌아가십시오."
여우는 모두가 돌아가고 나면 혼자서 노루를 차지할 속셈이었던 것입니다.
그러나 여우의 얕은 꾀에 속을 동물들이 아니었습니다.
"흥! 교활한 여우 같으니라구. 내가 숨어서 다 보았는데 무슨 소리냐? 넌 늑대에게 붙었다 이리에게 붙었다 하면서 노루를 잡아먹으려고 하지 않았느냐! 너도 늑대와 이리처럼 혼이 나야 해!"
작은 종달새가 종알거리며 말했습니다. 그러자 짐승들 중의 하나가
큰 소리로 외쳤습니다.
"여러분! 저 여우 놈도 벼랑으로 밀어 버립시다!"
그러자 짐승들이 한꺼번에 우르르 달려들었습니다. 여우는 뒷걸음질을
쳤습니다. 그러나 많은 짐승들을 당해 낼 수가 없었습니다.
결국 여우는 스스로 벼랑 아래로 뛰어내리지 않으면 안 되었습니다.
그 뒤, 여우는 다시는 숲으로 돌아오지 못했습니다.
이 이야기의 여우처럼 조금이라도 이로운 일이라면 체면과 뜻을 어기고
아무에게나 아첨하는 사람에게 "간에 붙고 쓸개에 붙는다."라는 말을
사용했습니다.

01 여우의 행동 변화를 표로 만들어 보세요.

	늑대와 이리의 힘이 비슷할 때	늑대가 이겼을 때	이리가 친구들을 데려왔을 때	사슴의 친구들이 몰려왔을 때
여우의 행동				

02 이 이야기를 박쥐의 이야기와 비교해 봅시다.

03 이 글의 제목 "간에 붙고 쓸개에 붙는다."에서 '간'과 '쓸개'가 의미하는 것이 무엇인지 말해 보세요.

04 내용 파악을 위한 문제

1. 우리 주변에 여우와 같은 친구가 있다면 여러분은 어떤 말을 해 줄 수 있을까요?

2. 여러분이 배고픈 여우였다면 어떻게 했을까요?

15 귀신이 곡할 노릇

"비나이다, 비나이다. 산신령님께 비나이다. 부디 우리 부부를 불쌍히 여겨 아기 하나만 낳게 해 주시옵소서."

부부는 집 뒷마당에 물 한 그릇을 떠 놓고 비가 오나 눈이 오나 하루에도 몇 번씩 그렇게 빌고 또 빈 지 벌써 백 일이 다 되어가고 있었습니다.

아이를 갖는 것은 부부의 간절한 소원이었습니다.

부부는 가난했지만 단 한 번도 재산에 욕심을 내본 적이 없었고, 큰 벼슬을 탐내지도 않았습니다. 부부는 서로 사이좋은 것만으로도 만족하고 살아왔습니다. 그러나 나이가 들수록 너무나 쓸쓸하여 자식이 하나 있었으면 좋겠다고

생각했던 것입니다.
부부가 매일 치성(정성을 다해 기도를 드리는 것)을 드리는 이유도 그 때문이었습니다.
치성을 드린 지 꼭 백 일째 되던 날이었습니다.
부부는 그 날 밤 똑같은 꿈을 꾸었습니다.

"허허, 너희들의 정성이 보통 사람과는 다르구나. 내가
너희들에게 산삼이 있는 곳을 알려 줄 테니 그것을 먹도록 해라.
그러면 아이를 얻을 수 있으리라."
부부는 똑같이 꿈 속에서 산신령을 만나 같은 이야기를 들었던 것입니다.
부부는 깜짝 놀라 산신령이 가르쳐 준 곳으로 달려갔습니다.
과연 그 곳에는 짙은 향기가 가득 밴 산삼 한 뿌리가 묻혀 있었습니다.
"여보, 얼른 이것을 달여 먹어 봅시다."
집으로 돌아와 남편은 바로 산삼을 고아 그 국물을 부인에게 먹였습니다.
그로부터 열 달 후, 부인은 아이를 낳았고, 다행히 아이는 큰 탈 없이
아주 건강하게 자랐습니다.
"애야, 너는 꼭 공부를 열심히 해서 장원급제하거라."
아이가 일곱 살이 되던 해 어머니는 아이를 서당에 보냈습니다. 마음만

먹는다면 아이가 그 누구보다 더 열심히 공부하리라고 믿었습니다.
그러나 어머니의 바람은 빗나가고 말았습니다.
서당에 간 아이는 도무지 공부를 하려 하지 않아 훈장님에게 매일
종아리 맞기가 일쑤였고 그런 뒤에도 정신을 차리지 못했습니다.
부부는 속이 상했습니다. 힘들게 얻은 하나밖에 없는 아들이 공부는
하지 않고 빈둥거리니 걱정이 될 수밖에 없었습니다.
아이가 잘 하는 것이라고는 활쏘는 일 뿐이었습니다. 다른 것은 몰라도
활솜씨는 그 누구보다 뛰어났습니다. 아무리 빨리 달리는 짐승도
화살 한 방으로 잡곤 했습니다. 어머니가 서당에 가라고 보내면 활을
만들어 사냥만 다니곤 했으니 어쩌면 당연한 일인지도 몰랐습니다.
아이는 어느덧 열여덟의 총각이 되었습니다.
"어쩌죠. 저 아이도 장가 갈 나이가 되었는데 이제 겨우 제 이름밖에
쓸 줄 모르니……."
어머니는 걱정이 태산 같았습니다. 매일 활을 만들어 사냥만 다니는
아이가 몹시 걱정됐습니다.
그러던 어느 날이었습니다.
"어머니 아버지, 저는 과거를 보러 떠나야겠습니다. 부디 허락해
주십시오."
갑작스런 아들의 말에 어머니와 아버지는 놀라지 않을 수 없었습니다.
"아니, 공부도 하지 않은 네가 어떻게 과거를 보겠다는 말이냐?"
"어머니, 저는 무과(군인을 뽑는 시험) 시험을 보아 장군이 될 것입니다."

아들은 활과 화살만을 들고 멀고 먼 과거길을 떠났습니다.

당시 과거길은 산을 몇 개씩 넘고, 강을 건너 또 산을 넘어야 했습니다.

아들은 부지런히 걸어갔습니다.

하루는 어느 산골에서 날이 저물어 허름한 기와집에서 하루를 묵고 가게 되었습니다.

"허허, 아주 용맹스럽게 생긴 도령이오. 우리 집이 불편하지 않다면 며칠 쉬어가도록 하시오."

아들은 잘 되었다고 생각했습니다. 며칠 쉬면서 활쏘기 연습도 하고 그 동안 쌓인 피로도 풀고 가야겠다고 마음먹었습니다.

그런데 이 집의 어여쁜 딸이 총각을 보자마자 첫눈에 반해 매일 총각을 엿보고, 총각과 눈이라도 마주치면 미소를 짓곤 했습니다.

'세상에 어찌 저렇게 잘 생긴 도령이 있을까? 게다가 얼마나 늠름한가.'

혼자서 이런 생각들을 하면서 틈만 나면 총각을 훔쳐보곤 했습니다.

그러나 총각은 처녀에게 아주 냉정하게 대했습니다. 물론 총각도 처녀가 마음에 들긴 했지만 내색을 할 수가 없었습니다.

'그래, 비록 아름다운 처녀이기는 하나 나는 곧 과거를 볼 몸이다. 과거에 급제하고 난 뒤에 다시 와서 처녀를 만나야겠다.'

총각은 마음 속으로 이런 다짐을 하고 있었습니다. 그래서 처녀가 다가와 미소를 지을 때마다 호통을 쳐서 내쫓곤 했습니다. 그렇게 하기를 벌써 네 번이나 되었습니다.

기와집에 머문 지 일 주일째 되던 날 아침이었습니다.

'이제 다시 과거길을 떠나야겠구나.'
이런 생각을 하며 머물던 기와집을 나서려 할 때였습니다. 어디선가 느닷없이 통곡 소리가 들리기 시작했습니다. 이상하게 여긴 총각은 통곡 소리가 나는 곳으로 달려가 보았습니다. 거기엔 기와집 주인 내외가 땅을 치며 울고 있는 것이었습니다.
"웬일이십니까?"
"아이고, 이보게. 내 딸이 목을 맸다네."
"네? 무슨 일 때문에 목을 맸단 말입니까?"
"이 사람아, 몰라서 묻나? 내 딸은 자네를 좋아했는데 자네가 모른 체하고 쌀쌀맞게 대하니 분해서 이런 게 아닌가. 네 번씩이나 자네가 우리 딸을 거절했다면서?"
"아뿔싸!"
그제야 총각은 자신이 좀 심했다는 생각이 들었습니다. 하지만 어쩔 수가 없었습니다. 총각은 미안하다는 말을 남기고 다시 과거길을 떠났습니다.

드디어 시험장에 도착한 총각은 정신을 가다듬고 시험에 임했습니다.
첫 번째 시험은 활쏘기였습니다. 활쏘기는 총각이 가장 자신 있어 하는 과목이었습니다.

총각은 과녁 앞에 섰습니다. 총 네 발을 쏘는 시험이었습니다.

이윽고 총각은 한 발을 겨누어 시위를 당겼습니다. 첫 번째 화살은 정확히 과녁의 한가운데 가서 꽂혔습니다. 두 번째 화살도 마찬가지였습니다.

물론 세 번째 화살도 정확히 한가운데에 꽂혔습니다. 사방에서 박수가 터졌습니다. 지금까지 총각의 성적이 가장 좋았던 것입니다.

이제 단 한 발의 화살만이 남아 있었습니다. 총각은 다른 때보다 더욱 정신을 가다듬고 마지막 네 번째 화살의 시위를 당겼습니다.

그런데 이게 웬일일까요? 마지막 한 발의 화살이 총각의 손에서 떠나자마자 느닷없이 회오리바람이 일기 시작했습니다. 그러더니 과녁을 향해 잘 날아가던 화살이 툭 부러지는 것이었습니다.

"아니, 세상에. 이럴 수가……."
총각은 너무나 놀라 입을 다물 수가 없었습니다. 주위에서 지켜보던 사람들도 마찬가지였습니다. 모두들 총각이 장원급제할 것이라고 믿고 있었는데 마지막 한 발의 화살 때문에 과거에서 떨어지고 말았습니다.

'이럴 수가 이게 무슨 조화란 말인가. 그놈의 회오리바람 때문에 과거에서 떨어지다니. 도대체 또 얼마를 기다려야 한단 말인가?'

총각은 아쉬워했습니다. 또 과거 시험을 보기 위해서는 3년을 기다려야 했기 때문입니다.

하지만 총각은 포기하지 않았습니다. 어금니를 물고 더 열심히 과거를 준비했습니다. 그렇게 3년의 세월이 지났습니다.

총각은 과거 시험을 보기 위해 과거시험장에 왔고, 다시 활쏘기 시험을 보게 되었습니다.

첫 번째 화살은 정확히 과녁의 한가운데에 꽂혔습니다. 두 번째, 세 번째 화살도 정확했습니다.

이제 마지막 한 발이 남아 있었습니다. 총각은 활을 쏘기 전에 사방을 둘러

보았습니다. 저번처럼 회오리바람이 불지 않을까 확인해 보기
위해서였습니다. 다행히 바람 한 점 불지 않았습니다.
'됐다. 이젠 과녁의 한가운데를 맞힐 수 있다.'
바람이 불지 않는 것을 확인한 총각은 고개를
끄덕이며 네 번째 화살을 과녁에
겨냥했습니다. 그리고 천천히 시위를
놓았습니다.
화살은 과녁을 향해 빠르게 날아갔습니다.
그런데 이게 대체 무슨 조화일까요?
화살이 과녁에 거의 꽂히기 직전, 또다시
회오리바람이 몰아치는 것이었습니다.
결국 네 번째 화살은 부러졌고 과녁에서
빗나가고 말았습니다.
"이, 이럴 수가……."
총각은 너무나 기가 막혀 그 자리에 주저앉을 수밖에
없었습니다.
총각은 이번에도 네 번째 화살 때문에 과거에서 떨어지고
말았습니다.
그로부터 3년이 지난 뒤, 총각은 다시 과거를 보러 갔지만 이번에도
네 번째 화살이 회오리바람에 꺾이고 말았습니다. 또 3년이 흐른 뒤
과거를 보았지만 마찬가지였습니다.

어느덧 청년은 다섯 번째 과거 시험을 치르게 되었습니다.
'이번에 급제하지 못하면 고향으로 돌아가 농사나 지으며 살리라.'
그런 각오를 하고 총각은 다시 활시위를 당겼습니다. 첫 번째, 두 번째,
세 번째 화살이 정확히 과녁에 명중했습니다.
총각은 네 번째 화살을 겨누었습니다. 그러나 총각은 이내 활을 놓고
주저 앉고 말았습니다. 그리고는 통곡하기 시작했습니다. 그 동안 네 번째
화살 때문에 과거에서 떨어진 것이 못내 분하고 서러웠기 때문이었습니다.
"허허, 이보시오. 왜 활은 쏘지 않고 그리 통곡만 하고 있는 게요?"
총각의 행동을 이상하게 생각한 감독관이 다가와 물었습니다. 총각은
그 동안 있었던 이야기를 모두 해 주었습니다. 그 전에 처녀가 목매달아
죽은 것부터 네 번째 화살 때문에 늘 과거에 떨어졌던 이야기까지
말입니다. 그런데 이야기를 듣고 있던 감독관이 무슨 생각을 했는지
무릎을 탁 치며 말했습니다.
"옳지, 이유를 알겠소. 잠깐만 기다리시오."
감독관은 벌떡 일어나더니 과녁에 다가가 꽂혀 있는 화살을 모두
빼냈습니다. 그리고 총각을 향해 말했습니다.
"자, 다시 쏘아 보시오."
총각은 다시 활시위를 겨냥해 조심스럽게 당겼습니다.
그런데 이게 웬일일까요?
지금까지 툭툭 부러지던 화살이 무사히
날아 과녁의 한가운데를 맞히는 것이었습니다.

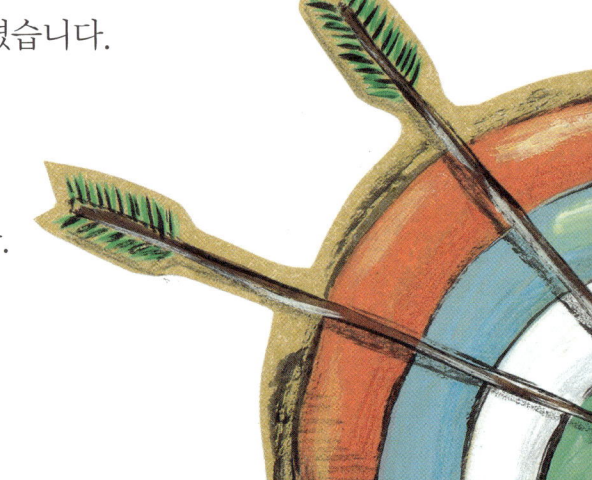

"감독관님, 이게 대체 어찌된 일이지요?"
"하하하. 이상할 것 없소. 그 동안 자네가 쏜 네 번째 화살엔 목매달아 죽은 처녀의 혼이 붙어 있었던 게요. 자네가 네 번씩이나 처녀를 거절했으니 처녀도 늘 네 번째 화살이 제대로 맞지 못하도록 한 것이란 말이오."

과연 감독관의 말대로였습니다. 처녀의 혼은 총각이 꼭 네 번째 화살을 쏠 때마다 나타나 화살을 부러뜨렸고 결국은 총각이 통곡을 하게 만들었던 것입니다.

그런데 바로 그 때였습니다. 시험도 다 끝났는데 갑자기 회오리바람이 일더니 어디선가 처녀의 곡소리가 들려왔습니다.

"아이고, 원통하다. 네놈만 아니었으면 이번에도 네 번째 화살을 또 부러뜨릴 수 있었을 텐데……."

총각은 그 동안의 괴이한 일이 그제야 이해가 됐습니다. 감독관이 화살을 모두 뽑은 뒤 다시 쏘게 함으로써 총각은 처음부터 다시 쏘는 식이 된 것이었습니다. 이 때문에 귀신이 이번에는 네 번째 화살을 부러뜨리지 못했던 것입니다.

그 후, 총각은 과거에 급제할 수 있었고 처녀가 죽은 그 집으로 가서 처녀의 원혼을 달래 주었다고 합니다.

이 때부터 "귀신이 곡할 노릇"이라는 말이 생기게 되었다고 합니다.

01 주인공에게 일어난 사건을 장소별로 나누어 말해 보세요.

	집	처녀의 집	과거 시험장
주인공에게 일어난 사건들			

02 표로 나누어 설명한 주인공의 행동 변화를 이어지는 글로 다시 써 보세요.

03 내용 파악을 위한 문제

  1. 총각은 왜 처녀를 네 번이나 거절했을까요?

  2. 오랫동안 준비한 과거 시험에서 계속 떨어진 총각은 어떤 심정이었을까요?

속담풀이

- **눈보다 동자가 크다.**
  주장되는 것보다 딸린 것이 더 크다.
  → 배보다 배꼽이 더 크다.

- **달면 삼키고 쓰면 뱉는다.**
  자기에게 이로우면 잘 쓰나, 필요치 않게 되면 버린다.
  → 토끼 다 잡으면 사냥개를 삶는다.

- **도둑 맞고 빈지 고친다.**
  일을 그르친 후에 후회하고 대책을 마련한다.
  → 소 잃고 외양간 고친다.

- **돌쩌귀에 녹이 슬지 않는다.**
  1. 항상 사용하는 물건은 녹이 슬지 않고 썩지 않는다.
  2. 쉬지 않고 부지런히 하면 탈이 생기지 않는다.
  → 부지런한 물방아는 얼지 않는다.

- **둘러치나 메어치나 일반**
  이렇게 하거나 저렇게 하거나 마찬가지이다.
  → 업으나 지나

16 큰코 다칠라

귀동이와 쇠돌이는 아주 친한 친구사이였습니다. 부자집 아들인 귀동이는 집에서 밥을 먹을 때마다 몰래 자기 반찬을 싸서 가난한 쇠돌이에게 갖다 주었고 쇠돌이는 어쩌다 콩 한 쪽, 엿 한 가락이 생겨도 언제나 귀동이와 나누어 먹었습니다.

그러나 귀동이의 아버지인 박 주사는 워낙 무섭고 인색한 사람이라 귀동이가 쇠돌이와 어울리는 것을 아주 못마땅해했습니다. 어쩌다 쇠돌이가 와서 밥 한 그릇 누룽지 한 숟갈이라도 축낼까봐 가슴을 졸였습니다.

그러던 어느 날, 아버지 몰래 쇠돌이와 놀다 들어온 귀동이는 아버지의 불호령을 듣게 되었습니다.

"귀동이, 이놈! 아비가 쇠돌이와 어울리지 말라고 그렇게 일렀는데 이 아비 말을 듣지 않을 것이냐? 한 번만 더 쇠돌이와 어울린다는 말이 내 귀에 들리면 그 때는 아예 밖에 나가지도 못하게 할 것이다!"

귀동이는 쇠돌이를 만날 수 없다는 생각만으로도 속이 탈 지경이었습니다.
'어떻게 하면 쇠돌이를 계속 만날 수 있을까?'
귀동이는 그 날부터 곰곰이 생각했습니다. 그리고 마침내 한 가지 꾀를
생각해 냈습니다.
다음 날, 귀동이는 아버지께서 나가신 틈을 타서 안방으로 들어갔습니다.
그리고 장롱 깊숙이 넣어 놓은 금궤를 꺼냈습니다. 그 금궤는 박 주사네
집안 대대로 내려오는 가보로써 박 주사네 뿐만 아니라 문중에서도 아주
귀하고 소중하게 여기는 것이었습니다. 귀동이는 그 금궤를 몰래 들고
나와 담 모퉁이에 있는 커다란 나무 아래에 묻었습니다.
"쇠돌아, 어서 이리 나와 봐! 내가 우리 집에서……."
귀동이는 금궤를 숨긴 뒤 쇠돌이를 찾아가 자기가 한 일을
이야기했습니다. 그리고 쇠돌이가 해야 할 일을 알려 주었습니다.
"내 말 꼭 기억해야 돼! 알았지?"
귀동이의 말을 들은 쇠돌이는 자기를 위해 집안의 가보까지 훔쳐 낸
귀동이가 너무 고마워 목이 메이고 눈물이 핑 돌았습니다.

며칠이 지난 후, 귀동이네 집은 발칵 뒤집어졌습니다.
"빨리빨리 집안에 있는 사람들을 모두 불러라! 이거 큰일났다!"
박 주사는 얼굴이 백지장처럼 창백해져 안절부절못하고 거의 기절하기 직전이었습니다.
"애들아, 우리 집안의 가보가 없어졌다. 어서 찾아라!"
사람들을 시켜 온 집안을 구석구석 뒤져봤지만 금궤는 나오지 않았습니다.
"내가 부족해서 가보를 도둑맞았구나. 대대손손 내려오던 가보를 잃어 버렸으니, 내가 무슨 낯으로 조상님들을 대할까."
박 주사는 몇 시간을 한탄하더니 결국 자리에 눕고 말았습니다. 며칠 밤을 세워 가며 보물을 찾을 수 있는 방법을 궁리한 박 주사는 전국에 방을 붙이기로 했습니다. 보물을 찾아 주는 사람에게는 논과 밭을 상으로 주겠다는 내용이었습니다. 그러자 전국 방방곡곡에서 보물을 찾겠다고 사람들이 몰려들었습니다. 그러나 보물을 찾는 사람은 없었습니다.

'이제 말씀 드릴 때가 된 것 같군.'
귀동이는 실의에 빠져 한숨만 쉬고 있는 아버지에게 말했습니다.
"아버지, 쇠돌이가 냄새를 잘 맡는 신기한 재주를 가지고 있습니다. 쇠돌이를 데려다 물어보시지요."
"쇠돌이라고? 말도 안 된다. 아니다, 아니야. 어서 쇠돌이를 데리고 와라!"
박 주사는 귀동이의 말이 다 믿기지는 않았지만 지푸라기라도 잡는 심정으로 쇠돌이를 데려오게 했습니다.
쇠돌이가 금궤를 찾는 첫째 날과 둘째 날은 박 주사가 졸졸 쫓아다니는 바람에 엉뚱한 곳만 찾아다녀야 했습니다. 셋째 날이 되자 박 주사는 쇠돌이가 금궤를 찾을 수 없다고 생각했는지 더 이상 따라다니지 않았습니다. 그러자 쇠돌이는 집 밖으로 나와 담을 둘러보는 척 하더니 귀동이가 말해 준 큰 나무 앞에 멈춰 섰습니다.
"저 나무에서 냄새가 납니다. 나무 밑을 파 보시지요."
쇠돌이의 말이 떨어지자마자 장정들이 나무 밑을 파기 시작했습니다.

그 소식을 들은 박 주사도 한걸음에 달려 나왔습니다
잠시 후, 드디어 나무 밑에서 박 주사가 애타게 찾던 금궤의 모습이
드러났습니다. 박 주사는 금궤를 품에 안고 덩실덩실 춤까지 췄습니다.
그 일이 있은 후, 쇠돌이는 논과 밭이 생겼고 귀동이와 마음대로 만날 수
있게 되었습니다.
냄새 잘 맡는 신동이 있다는 소문은 사람들의 입을 통해 빠르게 퍼져
나가더니 임금님이 사시는 궁궐에까지 들어가게 되었습니다.
그 때, 궁궐에서는 임금님의 옥새가 사라지는 사건이 일어났습니다.
임금님은 쇠돌이를 당장 데려오라는 명령을 내렸습니다.
"귀동아, 큰일났구나. 내가 너희 집 보물을 찾은 것은 네가 가르쳐
주었기 때문인데, 나보고 옥새를 찾으라니 이 일을 어떡하면 좋니?"
옥새가 무엇인지, 어떻게 생겼는지도 모르는 쇠돌이는 생각하면 할수록
기가 막혔습니다.
"쇠돌아, 내가 너를 위한다고 한 일이 오히려 널 난처하게 만들었구나.
하지만 하늘이 무너져도 솟아날 구멍이 있다지 않니? 우리 곰곰이
생각해 보자."
귀동이와 쇠돌이는 밤새 머리를 맞대고 궁리를 한 끝에 한 가지 방법을
생각해 냈습니다.
다음 날, 임금님 앞에 선 쇠돌이는 옥새를 찾는데 한 달간의 시간을 달라고
부탁했습니다. 그리고 보름이 지난 어느 날, 귀동이와 약속한 대로
한밤중이 되자 갑자기 방바닥을 내리치며 통곡을 하는 것이었습니다.

"무슨 일이냐? 무슨 일인데 이 난리를 치는 게냐?"

그 날 밤, 궁궐을 지키던 사람들이 쇠돌이의 울음소리에 놀라 달려와 물었습니다.

"글쎄, 어떤 나쁜 놈이 제가 다니는 서당에 불을 놓았습니다."

"수백 리나 떨어져 있는 곳의 일을 네가 어떻게 안단 말이냐?"

"다 알지요. 냄새가 나는데요. 지금 서당의 이영새가 타는 냄새가 나고 있습니다. 흑흑."

쇠돌이를 둘러싸고 있던 사람들은 쇠돌이의 말을 믿을 수도 안 믿을 수도 없어 난감하기만 했습니다. 그래서 그 즉시 천리마에 사람을 태워 쇠돌이의 고향으로 보내어 진실을 알아오게 했습니다.

그 날 밤, 서당에 정말 불이 난 사건이 있었다는 소식을 전해 들은 관리들은 쇠돌이가 과연 신동이라며 믿고 받들기 시작했습니다.

궁궐에서 생긴 이 사건은 며칠 새 궁궐 담을 넘어 온 사방으로 퍼져 나갔습니다.

'이제 나타날 때가 됐는데 빨리 나타나야 될 텐데……'

쇠돌이는 잠자리에 누워 누군가를 기다리고 있었습니다. 사실 서당의 화재 사건은 도둑이 제 발 저린다고 옥새를 가져간 도둑이 스스로 찾아오게 만들기 위해 귀동이와 짜고 벌인 일이었습니다. 며칠이 지났는데도 도둑이 나타나지 않자 쇠돌이는 마음이 불안했습니다.

'옥새를 찾기로 약속한 날짜도 얼마 안 남았는데 끝까지 도둑이 나타나지 않으면 그 때 나는 어떻게 되는 걸까?'

쇠돌이는 잠을 자지 못하고 몸을 뒤척이다가 언뜻 문 앞에 스치는 그림자를 보았습니다. 잠시 후 방문이 스르르 열리더니 누군가 들어오는 것이 느껴졌습니다.

'옳지. 이제야 오는구나.'

쇠돌이는 잠꼬대를 하는 척하며 소리쳤습니다.

"이 나쁜 도둑놈을 어떻게 할까? 거기 서지 못해!"

쇠돌이의 소리에 놀랐는지 도둑은 무릎을 꿇고 바닥에 머리를 박고는 벌벌 떨며 비는 것이었습니다.

"잘못했습니다. 제가 죽을죄를 지었습니다. 제발 목숨만 살려 주십시오!"

그제야 쇠돌이는 자리에서 일어나 앉았습니다.

"내가 너를 찾아가 목숨을 거두는 것은 일도 아니었다. 하지만 네가 잘못을 깨닫고 스스로 찾아오기를 기다리고 있었다."

"너그러운 마음으로 한 번만 용서해 주신다면 죽을 때까지 이 은혜는 잊지 않겠습니다."
도둑은 두 손이 발이 되도록 빌고 또 빌었습니다.
"너를 살리기 위해 지금까지 기다리고 있었으니 죽이지는 않을 것이다. 조용히 옥새를 가지고 오면 그 다음 일은 내가 알아서 하겠다."
쇠돌이는 점잖게 도둑에게 말했습니다.
"죄송합니다. 제 어리석은 생각에 신동께서 저희 집에 찾아오실 것 같아 옥새를 후궁 연못에 있는 정자 밑에 던졌습니다. 용서해 주십시오."
도둑은 다시 한 번 머리를 조아리며 잘못을 빌었습니다.
"모든 일은 내가 처리할 것이니 앞으로는 두 번 다시 이런 일을 저지르지 말아라!"
쇠돌이는 이렇게 말하고

고맙다며 수백 번 인사하는 도둑을 돌려보냈습니다.

이튿날, 쇠돌이는 임금님 앞에 나가 옥새를 찾겠노라고 말했습니다. 그러자 모든 대신들이 쇠돌이가 옥새를 찾는 모습을 보기 위해 모여들었습니다. 쇠돌이는 궁궐 여기저기를 냄새를 맡으며 돌아다녔습니다. 그리고 마침내 후궁 연못에 와서는 한 바퀴 빙 둘러보더니 걸음을 멈추고 소리쳤습니다.

"여기입니다. 바로 이 정자 밑에 옥새가 있습니다."

쇠돌이의 말에 대신들은 모두 입을 다물지 못했습니다. 보고를 받은 임금은 즉시 연못물을 모두 퍼내게 했습니다. 그러자 정말 정자 밑바닥에서 옥새가 나왔습니다. 모두들 쇠돌이의 재주에 또 한 번 놀랐습니다. 임금님은 쇠돌이를 불러 말했습니다.

"진정 네가 이 나라 최고의 신동이다. 네 소원이 무엇이냐?"

"제 소원은 고향에 내려가 부모님을 모시고 살면서 이 나라 백성의 도리를 다하는 것입니다."

"허허, 참으로 기특하도다."

임금님은 쇠돌이의 말을 듣고 매우 기뻐하시며 쇠돌이에게 많은 상금을 내리고 고향으로 돌려보냈습니다. 고향으로 내려가는 쇠돌이의 마음은 한없이 가볍고 편안했습니다. 들에 핀 꽃 한 송이 나무 한 그루도 아름답게 느껴졌습니다.

고향에 들어서자 쇠돌이가 옥쇄를 찾았다는 소식을 들은 원님을 비롯한 이웃 마을 사람들까지 모두 쇠돌이를 마중하러 나와 있었습니다.

그 중에서도 쇠돌이의 눈에는 귀동이가 가장 먼저 보였습니다. 쇠돌이와 귀동이의 눈이 마주치자 누가 먼저랄 것도 없이 서로 달려가 부둥켜안았습니다.

그런데 그 때 갑자기 귀동이가 칼을 꺼내더니 쇠돌이의 한쪽 콧구멍을 쭉 찢는 것이었습니다. 깜짝 놀란 쇠돌이가 무슨 일이냐고 묻자 귀동이가 귓속말로 속삭였습니다.

"사람들에게 이제는 코가 찢어져서 냄새를 못 맡는다고 소문을 내자. 안 그러면 너 정말 큰코 다친다."

그제야 귀동이의 뜻을 안 쇠돌이는 빙그레 웃었습니다. 비록 한쪽 코는 찢어졌지만 앞으로 더 이상 마음고생은 없을 터이니 마음은 다른 어느 때보다 편하고 개운했습니다.

쇠돌이의 사건이 있은 후부터 우리 나라에 "큰코 다칠라."라는 말이 생기게 되었답니다.

01 다음과 같은 일이 왜 일어났는지 간단히 말해 보세요.

> 귀동이는 그 날부터 곰곰이 생각했습니다. 그리고 마침내 한 가지 꾀를 생각해 냈습니다.
> 다음 날, 귀동이는 아버지께서 나가신 틈을 타서 안방으로 들어갔습니다. 그리고 장롱 깊숙이 넣어 놓은 보물 금궤를 꺼냈습니다. 그 금궤는 박 주사네 집안 대대로 내려 오는 가보로써 박 주사네 뿐만 아니라 문중에서도 아주 귀하고 소중하게 여기는 것이었습니다. 귀동이는 그 금궤를 몰래 들고 나와 담 모퉁이에 있는 커다란 나무 아래에 묻었습니다.

02 귀동이가 지혜롭다고 말할 수 있는 이유를 세 가지 이상 말해 보세요.

03 내용 파악을 위한 문제

1. 이 이야기에서 "큰 코 다칠라."라는 속담 외에 두 가지 속담이 더 있어요. 여러분이 그 속담을 찾아서 적어 보세요.

2. 귀동이가 쇠돌이의 코를 찢은 이유는 무엇일까요? 귀동이는 쇠돌이의 코를 안 찢었을 때 어떤 일이 생길 것이라고 생각하고 코를 찢었을까요? 그 경우를 상상하여 이유를 써 보세요.

속담풀이

- **땅 짚고 헤엄치기**
  일이 매우 쉽다.
  → 누워서 떡먹기

- **똥 묻은 개가 겨 묻은 개 나무란다.**
  제 허물 큰 것은 모르고 남의 작은 허물을 흉 볼 때 빗대어 하는 말
  → 가랑잎이 솔잎더러 바스락거린다고 한다.

- **며느리 늙어 시어미 된다.**
  며느리 적에 시어머니에게 시달림을 당한 사람이 시어미가 되자 옛날 고달폈던 생각은 않고 더 심하게 군다.
  → 며느리 자라 시어미 되니 시어미 티를 더 잘 한다.

- **모래가 싹 난다.**
  절대로 있을 수 없는 불가능한 일
  → 삶은 팥이 싹 나거든

- **목구멍이 포도청**
  먹고살아가기 위해서는 못 할 일까지도 하게 된다.
  → 가난이 죄다.

17 엎질러진 물은 주워 담을 수 없다······

중국 한나라 때 있었던 일입니다. 주매신이라고 불리는 선비가 살고 있었습니다. 그는 아침에 눈을 뜨면 밤에 잠자리에 들 때까지 오로지 독서에만 열중하는 사람이었습니다. 그러다 보니 집안 살림은 전혀 돌보지 않아 날이 갈수록 생활은 어려워졌습니다.

주매신의 아내는 그런 남편을 대신해서 살림을 꾸려 나가기 위해 온갖 고생을 다 했습니다. 낮에는 남의 집에 가서 허드렛일을 해 주고 밤에는 삯바느질 감을 얻어와 잠을 쫓으며 바느질을 했습니다.

그러나 그것으로는 조반석죽(아침에 밥을 먹으면, 저녁에 죽을 먹음) 하기도 어려웠습니다.

그러던 어느 날 아침이었습니다. 주매신의 아내는 아침을 지으려고 쌀독을 열었다가 그 자리에 그대로 털썩 주저앉았습니다. 아무리 바가지로 쌀독을 박박 긁어도 쌀 한 톨도 나오지 않았던 것입니다.

며칠째 겨우겨우 죽으로 끼니를 때웠는데 이제는 그나마 죽조차 마실 수 없게 된 것이었습니다.

'아이고, 이 노릇을 어찌할꼬.'

아내는 부엌 바닥에 주저앉은 채 끼니 걱정을 하고 있는데 방에서 남편의 글 읽는 소리가 들렸습니다.

"맹자 왈, 공자 왈……."

아내는 남편의 글 읽는 소리에 속에서 부아가 치밀어 올랐습니다.

'더 이상 못 참겠어. 무슨 결판을 내야지.'

아내는 부엌에서 나와 남편이 글을 읽고 있는 방문을 벌컥 열었습니다.

"참으로 태평하시오."

아내는 자신이 들어왔는데도 책에서 눈을 떼지 않는 남편을 보니 더욱 화가 났습니다.

"당신은 끼니 걱정 안 하고 허구헌날 책만 읽고 있으니 좋으시겠어요. 글공부를 하는 것은 출세해서 잘 먹고 잘 살기 위해서인데 당신은 뭘 하는 건지 모르겠어요. 이제 쌀이 떨어져서 죽도 먹을 수 없게 됐어요. 당신은 책만 읽어도 배부를지 모르지만 저는 아니에요. 이제 더 이상은 못 견디겠어요. 이렇게 당신과 살다가는 내가 미치고 말겠어요. 그러니 우리 헤어져 삽시다."

아내는 단단히 결심했는지 단호하게 말했습니다.

"여보, 그게 무슨 말이오. 내 기필코 출세해서 당신을 행복하게 해 줄 것이오. 그러니 조금만 더 기다려 주시오. 아니, 몇 달만 참아 주시오."

주매신은 워낙 의지가 강하고 무엇이든 마음만 먹으면 꼭 이루고 마는 사람이라 분명히 출세하여 이름을 날릴 것이라는 자부심이 있었습니다. 주매신은 아내의 마음을 풀어주기 위해 애썼습니다.

"언제 출세를 하시려고요. 당신이 출세할 때쯤이면 나는 이미 굶어 죽어이 세상 사람이 아닐걸요."

"여보, 지금까지 잘 참지 않았소. 조금만 더 참아 주구려. 부탁하오."

"더 이상 이렇게는 못 살아요!"

아내는 남편이 달래고, 붙잡는 것도 뿌리치고 그길로 집을 나가 버렸습니다.

그 뒤 주매신은 당시 재상이었던 엄조의 천거(추천)로 중대부라는 벼슬을 얻게 되었습니다.

주매신이 벼슬길에 오르고 얼마 후 동월지방에서 반란이 일어나 군사를 일으켰습니다. 그러자 황제인 무제는 주매신를 선박과 무기를 만드는 책임자로 임명했습니다.

책임감이 강한 주매신은 밤낮을 가리지 않고 열심히 노력하고 정성을 다한 결과 드디어 그 일을 성공적으로 마쳤습니다.

"이번 반란군을 진압하는 데 큰 공을 세운 주매신에게 회계태수의 벼슬을 내리노라."

한 무제는 주매신의 공을 치하하여 회계태수로 승진시켰습니다.

게다가 회계는 주매신이 어린 시절을 보냈던 고향이라

더 말할 수 없이 기뻤습니다.
회계 사람들은 자기 고장 출신인 주매신이 부임한다는 소식에 모두 자기 일처럼 기뻐하고 즐거워했습니다.
드디어 주매신이 회계태수로 부임하는 날이 되었습니다. 아침부터 온 고장은 잔칫집 분위기였습니다. 사람들은 주매신을 환영하기 위해 거리로 쏟아져 나왔습니다. 그 중에는 주매신을 버리고 떠났던 아내도 끼어 있었습니다. 아내는 사람들 틈에서 태수의 행차가 오기를 기다리고 있다가 주매신의 모습이 보이자 앞으로 달려 나왔습니다.
"여보, 저에요. 지난날의 잘못을 용서해 주세요. 제 생각이 짧아 당신의 깊은 뜻을 헤아리지 못했어요. 한 번만 용서해 주세요."
아내는 주매신의 앞에 엎드려 간곡하게 빌며 다시 받아 주기를 애원했습니다.
"여봐라, 지금 가서 대야에 물을 떠서 가져오너라."
주매신은 아내의 말에는 아랑곳하지 않고 부하를 시켜 물을 떠 오게 했습니다. 그리고 떠 온 물을 땅에 쏟아 부으며 아내를 향해 말하였습니다.

"자, 땅에 엎질러진 물을 다시 대야에 담아 보시오. 만약 당신이 이 물을 담는다면 당신을 용서하고 함께 살겠소."

아내는 아무 말도 할 수가 없었습니다. 세상에 엎질러진 물을 다시 주워 담을 방법은 없었기 때문입니다.

'내 행동이 너무 경솔했어. 조금만 더 참을 걸. 내가 왜 그랬을까?'
모두들 떠나고 길가에 혼자 남은 아내는 자신의 잘못을 뉘우치며 눈물을 흘렸습니다.

이 때부터 엎질러진 물은 주어 담을 수 없듯이 한번 잘못된 일은 되돌리기 어렵다는 의미로 "엎질러진 물은 주워 담을 수 없다."라는 말을 사용하고 있습니다.

01 주매신이 회계태수가 되기까지의 과정을 정리해 보세요.

02 여러분이 주매신의 아내였다면 이 상황을 어떻게 슬기롭게 해결할 수 있을지 생각해 보세요.

03 내용 파악을 위한 문제

1. 아내는 왜 남편을 떠났을까요?

2. 주매신은 왜 아내를 용서하지 않았나요?

엄마와 선생님이 도와 주는 논술 교실

4장 _ 예측하기

예측이란 말 그대로 뒤에 무슨 일이 벌어질지를 미리 짐작하는 것을 말합니다. 예측은 무엇보다 자신이 읽고 있는 내용에 대해서 목적을 분명하게 갖게 해 주며, 상상력을 키워 줍니다. 또한 자신의 예측과 실제 벌어진 일 사이의 차이점을 깨닫게 하여, 자신의 예측에 대한 옳고 그름의 판단을 스스로 내릴 수 있게 해 줍니다. 이러한 과정을 반복하면 예측의 정확도가 높아지고, 예측의 정확도를 높이면 자연스레 이해력의 완성도도 높아집니다. 또한 어떠한 논술 문제를 접하더라도 질문을 예측하면 정답의 확률도 그만큼 높일 수가 있습니다. 특히 논술 시험에서는 문제를 내기 위해 글 전체가 아닌 부분적인 문장만 제시하게 되는데, 이럴 때 특히 예측력이 필요합니다. 왜냐하면 부분적인 글보다는 완성된 글을 알고 있을 때 정답의 확률이 높아지기 때문입니다.

18 남을 위해 초롱불을 켠다

앞을 전혀 보지 못하는 장님이 한 사람 있었습니다.

그런데 이 장님이 밤에 길을 갈 때면, 한 손에는 지팡이를 짚고 또 다른 한 손에는 초롱불을 켜서 들고 다녔습니다.

사람들은 장님의 이런 모습을 보고 피식피식 웃었습니다. 어차피 보이지 않는 것은 밤이나 낮이나 마찬가지인데 초롱불을 들고 다닌다니 사람들이 별스럽게 생각하지 않을 수 없었습니다. 사람들은 그 장님이 왜 그런 쓸데없는 행동을 하는지 궁금했습니다.

어느 날 한 사람이 장님에게 물었습니다.

"이보시오. 당신은 낮이나 밤이나 어차피 아무것도 안 보이지 않소. 그런데 왜 밤에 초롱불을 들고 다니는 게요?"

그러자 장님이 대답했습니다.

(가) 부분을 먼저 가리고 읽어 보세요. 그리고 그 안에 어떤 내용이 들어갈지 여러분이 예측해 보세요. 여러분이 예측한 내용과 같나요? 다르다면 여러분이 예측한 내용으로 뒷부분을 바꾸어서 글을 써 보세요.

가 "하하하! 이봐요. 나는 나 혼자 잘 가자고 초롱불을 밝히고 다니는 것이 아니라오. 이 초롱불은 마주 오는 사람을 위해서 들고 다니는 겁니다. 내가 앞을 볼 수 있다면 내가 다른 사람들은 피해 가면 되지만 내가 볼 수 없으니 어쩌겠어요. 마주 오는 사람이 이 초롱불을 보고 나를 피해 가라고 들고 다니는 겁니다."

"허허, 그렇군요."

장님에게 물었던 사람은 그제야 고개를 끄덕였습니다.

이 때부터 남을 위해서 일하는 사람들을 가리켜 "남을 위해 초롱불을 켠다."라고 말하게 되었다고 합니다.

장님의 이야기를 들은 마을 사람들은 무엇을 깨달았을까요? 마을 사람들이 이후에 장님에게 어떻게 했을지를 예측하며 뒤에 이어질 내용을 써 보세요.

속담풀이

- **못 오를 나무는 쳐다보지도 말아라.**
 자기 분수를 지키며 살아야 한다.
 → 송충이는 솔잎을 먹어야 한다.

- **믿는 도끼에 발등 찍힌다.**
 친한 사람으로부터 해를 입게 되었거나, 아무 염려 없다고 믿고 있던 일을 그르치게 되었을 때 쓰는 말
 → 아는 도끼에 발등 찍힌다.

- **바늘 가는 데 실 간다.**
 관계가 있는 사람은 서로서로 따른다는 말
 → 용 가는 데 구름 간다.

- **바위를 차면 제 발부리만 아프다.**
 순간의 기분과 흥분을 참지 못해 함부로 행동하면 손해가 돌아온다.
 → 성나 바위 차기

- **번갯불에 콩 구워 먹는다.**
 일의 순서도 모르고 성급하게 덤빈다.
 → 우물가에서 숭늉 찾는다.

01 가장 먼저 중요한 일은 자신이 먼저 예측을 해 보고, 그것과 실제 지은이가 쓴 글의 내용과 비교해 보는 것입니다. 어떤가요? 자신의 예측이 일치하였나요? 일치하지 않았다면, 어떤 점이 다른가요? 지은이가 실제로 썼던 다음의 내용을 읽고 비교해 보세요.

> "하하하! 이봐요. 나는 나 혼자 잘 가자고 초롱불을 밝히고 다니는 것이 아니에요. 이 초롱불은 마주 오는 사람을 위해서 들고 다니는 겁니다. 내가 앞을 볼 수 있다면 내가 다른 사람들을 피해 가면 되지만 내가 볼 수 없으니 어쩌겠어요. 마주 오는 사람이 이 초롱불을 보고 피해 가라고 들고 다니는 겁니다."

02 '장님'이라는 단어로 떠올릴 수 있는 단어를 써 보세요. 그리고 그 아래에 그 뜻을 써 보세요.

03 여러분이 장님 이야기를 듣고 깨달은 교훈을 친구에게 설명하는 형식으로 글을 써 보세요.

04 다른 사람을 배려하는 것은 작은 것에서부터 시작할 수 있어요. 우리가 할 수 있는 남을 위한 배려에는 어떤 것들이 있을까요?

05 내용 파악을 위한 문제

  1. 사람들은 왜 장님이 초롱불을 들고 다니는 것을 궁금해했나요?

  2. 장님은 왜 초롱불을 들고 다녔나요?

19 결백하기는 황 정승이라

조선 시대의 가장 뛰어난 임금 세종 대왕이 하루는 황희 정승의 집에 가게 되었습니다. 그런데 황희 정승의 집 앞에서 세종 대왕은 걸음을 멈추지 않을 수 없었습니다.

"허허, 저게 무언고?"

세종 대왕은 황희 정승 집의 추녀 밑을 손가락으로 가리켰습니다. 신하들도 그 추녀 밑을 쳐다보았습니다. 과연 이상한 것이 대롱대롱 매달려 있었습니다.

자세히 보니 하나는 비단 한 필이었습니다. 그런데 비단을 얼마나 오래 걸어 두었는지 먼지가 뽀얗게 쌓여 있었습니다. 그것으로는 옷 한 벌도 못 해 입을 것 같았습니다. 그런데 더 이상한 것은 그 비단 한 끝에 '박○○ 기증'이라고 쓰인 쪽지가 붙어 있었습니다.

낡은 비단 옆에는 기름에 튀긴 닭 한 마리가 대롱대롱 매달려 있었습니다. 그것 역시 꽤 오래 그 곳에 걸려 있었던지 새까만 먼지로 뒤덮여 있었습니다. 얼마나 오래 매달려 있었는지 아예 썩어 가고 있었습니다. 물론 통닭 한 끝에도 '최○○ 기증'이라고 쓰여 있었습니다.

"흐음, 이상한 일이로다."

세종 대왕은 고개를 갸웃거리면서 황희 정승의 집으로 들어갔습니다. 그리고 황희 정승에게 물었습니다.
"황 정승, 내가 오다가 보았는데 처마 밑에 걸려 있는 비단과 통닭은 무엇에 쓰는 게요?"
"상감마마, 사실 비단은 박○○ 씨라는 한 벼슬아치가 저에게 뇌물로 가져온 것입니다. 한사코 거절을 하였더니 저도 모르는 사이에 두고 간 것이옵니다. 하지만 받을 수가 없어서 저렇게 찾아가라고 걸어 둔 것이옵니다."
"허허, 대단하오."
세종 대왕은 고개를 끄덕였습니다. 과연 황희 정승이 다른 그 누구보다 청렴하다는 것을 알 수가 있었습니다.

세종 대왕이 또 물었습니다.

"그렇다면 닭은 왜 그렇게 해 놓은 것이오?"

"그것도 마찬가지이옵니다. 그것은 최○○ 씨라 불리는 사람이 놓고 간 것이옵니다."

"그런데 왜 처마에 걸어 놓았소. 먼지가 쌓이고 비를 맞아 이제는 먹을 수도 없게 되지 않았소?"

"상감마마, 그렇다고 그렇게 해 두지 않으면 또 다른 사람들이 뇌물을 가지고 올 것 아니겠사옵니까? 하지만 저것을 본 사람들은 제 스스로가 부끄러워서도 뇌물을 가지고 오지 않을 것이옵니다."

"허허, 황희 정승은 정말로 청렴결백한 사람이구려."

세종 대왕은 감탄하지 않을 수 없었습니다. 황희 정승이야말로 가장 깨끗한 사람이라고 생각되었습니다.

그 후, 황희 정승의 그 행동은 사람들에게 널리 알려졌고 이야기를 들은 사람들은, 정직한 사람들을 가리켜 이렇게 말했습니다.

"허허, 결백하기는 황희 정승 같구먼!"

01 황희 정승의 청렴함을 본 세종 대왕은 그 후에 어떻게 했을까요? 뒤에 이어질 이야기를 예측해 보세요. 그리고 실제로 어떻게 했는지 다른 자료를 찾아보고 자신이 예측한 내용과 비교해 보세요.

02 정직한 사람을 이르는 속담을 찾아보세요. 그리고 그 속담이 어떻게 생기게 되었을지 추측해 보고 이야기로 만들어 보세요.

03 내용 파악을 위한 문제

1. 황희 정승이 뇌물을 추녀 밑에 걸어 놓았을 때 황희 정승에게 뇌물을 주었던 박○○와 최○○의 속마음은 어땠을까요? 여러분들이 그들의 속마음을 예측해 보세요.

2. 황희 정승이 처마 끝에 비단과 통닭을 걸어 둔 이유를 설명해 보세요.

20 귀한 자식 매 한 대 더 때려라……

어느 화창한 봄날, 황희 정승이 그를 따르는 선비들과 함께 길을 가고 있었습니다. 겨울을 잘 견디고 물이 오른 나뭇가지에 파릇파릇 새잎이 돋은 모습을 보니 황희 정승도 선비들도 기분이 좋아 어느 때보다 발걸음이 가벼웠습니다.

그런데 앞서 걷던 황희 정승이 갑자기 버드나무 앞에서 걸음을 멈추었습니다. 뒤따라오던 선비들은 영문도 모른 채 그 자리에 멈춰 섰습니다.

'무슨 일인지 알고 있나?'

'아니, 왜 멈추셨을까?'

선비들은 서로 눈빛으로 이유를 물었지만 아무도 아는 이가 없었습니다. 모두 황희 정승만 지켜볼 뿐이었습니다.

황희 정승은 한 발자국 더 버드나무 가까이 다가서더니 두 손을 단정히 모은 다음 정중히 큰절을 한 번도 아니고 여러 번 올리는 것이었습니다. 그 모습을 지켜보던 선비들은 너무 놀라 두 눈을 동그랗게 뜨고 벌린 입을 다물 줄 몰랐습니다.

"아니, 왜 버드나무에 큰절을 하시는 거지?"

"글쎄 말일세. 도무지 무슨 일인지 모르겠구만."
선비들 사이에서 조그맣게 웅성거리는 소리가 들리기 시작했습니다. 모두 무슨 까닭인지 궁금했지만 선뜻 나서지 못하고 있었습니다. 그 때 일행 중 한 선비가 용감하게 황희 정승 앞으로 나섰습니다.

"정승님, 사람도 아닌 버드나무에 웬 큰절을 그렇게 정성껏 올리시는지요?
무슨 이유라도 있는지요?"
"이 버드나무가 보통 나무가 아니라네. 내가 어렸을 때 밖에 나가 짓궂게
놀 때마다 어머님 아버님께서 자식을 아끼고 사랑하시는 마음에
이 버드나무를 꺾어 나의 종아리를 때리셔서 나를 일깨워 주셨다네.
서당에서 글공부할 때도 놀고 싶고 장난치고 싶은 마음에 글공부를
게을리 한 적이 있었네. 그 때마다 훈장님께선 나를 아끼고 걱정하는
마음에 이 버드나무를 꺾어 내 종아리를 쳐 주셨다네. 이 버드나무가
없었다면 지금 나는 이 곳에 없었을 걸세. 버드나무의 가르침이 있었기에
오늘날 내가 나라의 중요한 일을 할 수 있는 걸세."
황희 정승은 선비들에게 이렇게 말하였습니다. 이 말을 들은 선비들은
가슴에 뭉클한 감동이 일어나는 것을 느꼈습니다. 그리고 그들의
마음 속에도 버드나무의 가르침을 새겼습니다.
이 이야기가 세상 사람들에게 알려지면서 "귀한 자식 매 한 대 더
때려라."라는 말도 널리 퍼지게 되었답니다.

01 황희 정승이 어렸을 때 부모님이나 훈장님께 매를 맞지 않았다면 어떻게 됐을까요? 여러분이 예측한 것을 글로 써 보세요.

02 황희 정승의 일화는 이 밖에도 많이 있습니다. 황희 정승에 대해 또 다른 어떤 이야기가 있는지 찾아보세요.

03 내용 파악을 위한 문제
　1. 황희 정승은 왜 버드나무에 절을 했나요?

　2. 자신이 황희 정승의 이야기를 들은 선비라 생각하고 깨달은 점이나 감동을 적어 보세요.

21 남의 장단에 춤춘다

옛날 어느 마을에 마흔이 된 남씨 성을 가진 사람이 살았습니다. 그는 유난히 놀이를 좋아했는데 그 중에서도 특히 장기와 고누놀이를 좋아했습니다.
어느 날 들에서 일을 하다 점심을 먹으려고 집으로 돌아가는 길이었습니다.
마을 노인들이 커다란 느티나무 그늘에서 장기를 두고 있는 것이 보였습니다. 남 서방은 자기도 모르게 발걸음을 느티나무 앞에서 멈추었습니다. 배고픔도 잊은 채 한참 장기 두는 것을 보고 있노라니 이번에는 자기가

직접 두고 싶어졌습니다.

그래서 노인들 틈을 비집고 평상에 앉았습니다. 그러자 그를 둘러싸고 있던 노인들이 꾸짖으며 말했습니다.

"아니, 아직 머리도 새까만 젊은이가 노인들이 노는 장기판에 끼려고? 에끼 이 사람아! 젊은이들에게나 가 보게나."

노인들에게 쫓겨난 남 서방은 장기를 두고 싶은 마음에 집으로 돌아와 흰 머리카락만 남겨 놓고 검은 머리카락을 거의 다 뽑아 버렸습니다. 그제야 남 서방은 노인들 틈에 끼어서 장기를 둘 수 있게 되었습니다.

그리고 며칠이 지난 어느 날, 이번에는 마을 청년들이 고누놀이를 하는 것을 보게 되었습니다. 재미 있게 놀고 있는 청년들을 보고 있으려니 남 서방도 고누놀이가 너무나 하고 싶어졌습니다.

"여보시오. 나도 같이 끼어 주구려."

남 서방은 청년 중 한 사람에게 다가가 말했습니다.

그러자 놀이를

머리카락

하던 청년들이 아무 말 없이 남 서방을 이상한 눈으로 쳐다보는
것이었습니다.
"아니, 왜 그러시오. 함께 놀자는데……."
그러자 한 청년이 앞으로 나서며 말했습니다.
"저, 흰 머리가 적지 않은 걸 보니 연세가 많으신 어르신 같은데 어떻게
어린 저희들과 함께 놀자고 하시는지요. 저기 느티나무 그늘에서 노인들이
장기를 두시던데 그리로 가 보시지요."
청년들에게 쫓겨난 남 서방은 집으로 돌아오자마자 이번에는
흰 머리카락을 뽑기 시작했습니다.
남 서방은 이렇게 장기를 두기 위해 노인들에게 갈 때는 검은 머리카락을
뽑고, 고누놀이를 하기 위해 청년들에게 갈 때는 흰 머리카락을
뽑았습니다. 그러다 보니 어느새 그의 머리엔 머리카락 한 올 남지 않게
되었습니다.
마을 사람들은 반질반질한 그의 머리를 볼 때마다 이렇게 말했습니다.
"쯧쯧쯧, 자기 주관 하나 없이 이 장단에 춤추고, 저 장단에 춤추더니
머리카락 한 올 안 남았군."
이 때부터 자기 주관 없이 남의 의견만 따라 하다 어려운 일에 처한
사람을 비웃을 때 "남의 장단에 춤춘다."라는 말을 쓰게 되었습니다.

01 남 서방은 장기를 두기 위해 검은 머리카락을 뽑고, 고누놀이를 하기 위해 흰 머리카락을 계속해서 뽑습니다. 이런 남 서방의 행동으로 보아 앞으로 어떤 이야기가 전개될지 예측해 보세요.

02 장기와 고누놀이를 하기 위해 머리카락을 뽑는 방법 외에 어떤 것이 있을까요? 남 서방의 입장에서 글을 써 보세요.

03 내용 파악을 위한 문제
  1. 남 서방은 왜 검은 머리카락을 뽑았을까요?

  2. 남 서방은 왜 흰 머리카락을 뽑았을까요?

4장 예측하기 149

22 남아일언 중천금이라

옛날 한 마을에 아버지를 극진히 모시는 효자가 있었습니다. 효자는 아버지 생신이 가까워 오자 생신상을 차리기 위해 송아지 한 마리를 장에다 팔고 돌아오는 길이었습니다.

"꼼짝 마! 돈 있는 것 다 내놔!"

산 고개를 넘어 으슥한 숲길로 막 들어섰을 때였습니다. 갑자기 커다란 나무 뒤에서 강도가 큰 몽둥이를 들고는 효자 앞으로 튀어나왔습니다.

"어서 내놔! 송아지 판 돈이 있는 것 다 아니 거짓말할 생각은 마라!"

강도는 장에서부터 효자를 몰래 따라왔던 것입니다. 그러나 효자는 조금도 당황하거나 두려워하는 기색 없이 담담하게 말했습니다.

"그래, 내게 송아지를 판 돈 40냥이 있다. 하지만 이건 아버지 생신 때 쓸 돈이니 줄 수가 없다. 대신 우리 집에 가자. 그러면 내가 50냥 하는 송아지를 주마."

"뭐라고! 40냥도 아까워서 주지 못하는 놈이

50냥이나 하는 송아지를 주겠다고? 내가 그런 뻔한 거짓말을 믿을 것 같으냐? 빨리 가진 돈 다 내놓지 못할까!"

강도는 효자의 말을 믿을 수가 없었습니다. 효자가 이 순간을 피하기 위해 거짓말을 한다고 생각했습니다. 효자는 코웃음을 치는 강도 앞에서 더 당당하게 말했습니다.

"대장부의 말은 천금같이 무거운 것인데 내가 한 입 갖고 두 말 하겠느냐? 당장 나와 함께 가자!"

효자는 앞장서서 걷기 시작했습니다. 강도는 효자의 말을 믿어야 하는 건지 말아야 하는 건지 헷갈렸습니다.

'나 참 기가 막히네. 강도를 만나면 겁에 질려 벌벌 떨면서 가진 것을 다 내놓거나 죽어라 도망가는 게 보통인데 자기 집까지 데려 가서 송아지를 주겠다니, 이런 일은 또 처음이군. 만약 이 말이 거짓이면 그 때 가서 손봐 줘도 될 일이고 일단은 따라가 봐야겠다.'

이렇게 생각한 강도는 효자를 감시하면서 따라갔습니다. 산을 내려와 마을로 들어선 두 사람이 한창 길을 가고 있는데 마침 저 앞에서 원님의 행차가 그 길로 오고 있었습니다.

'이크! 이거 큰일났군. 이놈이 원님이 지나가는 것을 미리 알고 나를
원님께 바치려고 속임수를 쓴 것이구나.'
강도는 간이 콩알 만하게 졸아들고, 오금이 저려 제대로 서 있기도
힘들었습니다. 잠시 후 원님의 가마가 두 사람 앞을 지나가려다가 갑자기
멈춰 섰습니다. 순간 강도도 숨이 멎는 것 같았습니다.
"날이 어두워지는데 웬 사람들이냐? 너희는 어디로 가는 길이냐?"
'이제 나는 죽었구나.'
원님의 말에 강도는 효자가 자기를 곧 원님에게 넘길 거라고
생각했습니다.
"네, 이 분은 제 형님되십니다. 오늘 저희 집에서 특별한 음식을
장만했기에 형님과 함께 먹으려고 지금 모시고 오는 길입니다."
"허허허, 참으로 보기 좋은 형제로다."
원님은 이렇게 말하며 기분 좋게 웃고는 그냥 지나가는 것이었습니다.
그리고 효자는 아무 일도 없었다는 듯이 다시 앞장서서 걸어갔습니다.
순간 강도는 가슴이 뭉클했습니다.
'이 사람이 원님 앞에서 한 마디만 했어도 나는 죽은 목숨이 됐을 텐데
자기를 해치려는 나를 도리어 형님이라고 하다니……. 세상에 이 사람
같이 의리 있고 신용 있는 사람이 또 있을까?'
강도가 이런 생각을 하는 동안 두 사람은 드디어 효자의 집에
도착했습니다. 효자는 집 안에 들어서자마자 외양간으로 가서 외양간
문을 열며 강도에게 말했습니다.

"자, 어서 이 송아지를 가져가거라! 이 송아지가 50냥짜리니 40냥보다 낫지 않느냐?"

강도는 효자의 말이 끝나자마자 바닥에 털썩 꿇어앉았습니다.

"내가 잘못했소. 내가 죽을 때가 다 되어 정신이 나갔나 보오. 당신 같은 사람에게 이런 짓을 하다니. 나는 사람도 아니오. 벌레만도 못한 나를 어서 벌하시오."

강도는 땅에 엎드려 자신의 잘못을 뉘우치며 통곡했습니다. 그러자 효자는 강도를 일으키며 말하였습니다.

"자자, 그만 하고 일어나시오. 지금까지 나쁜 생활은 모두 버리고 이제부터라도 새 마음, 새 결심으로 새 사람이 된다면 이보다 더 좋은 일이 어디 있겠소!"

강도는 효자의 말에 또 한 번 감격했습니다. 강도는 자기의 말에 책임을 지고 약속을 지킨 효자 덕분에 새 사람이 되어 "남아일언 중천금"이란 말을 평생 가슴에 새기며 옳바르게 살았다고 합니다.

01 강도를 만난 효자는 당황해하지 않았습니다. 오히려 송아지를 준다고 강도를 집까지 데리고 갔습니다. 이 때 효자의 속마음이 어땠을지 예측해 보세요.

02 여러분이 효자와 같이 강도를 만났다면 어떻게 행동했을까요?

03 강도는 효자의 모습을 보고 자신의 잘못을 뉘우쳤어요. 이 뒤에 강도는 어떻게 살았을지 예측해 보세요.

04 내용 파악을 위한 문제
  1. 효자는 왜 40냥을 도둑에게 바로 주지 않았나요?

  2. 효자와 강도가 원님을 만났을 때 효자는 원님에게 어떻게 말했나요?

속담풀이

- **벼는 익을수록 고개를 숙인다.**
  교양이 있고 수양을 쌓은 사람일수록 겸손하고 남 앞에서 자기를 내세우려 하지 않는다는 것을 비유적으로 일컫는 말
  → 강은 깊을수록 소리가 작다.

- **벼룩의 선지를 먹지**
  없고 약한 사람으로부터 얼마 안 되는 이익을 취한다.
  → 벼룩의 간을 내어 먹지

- **복 없는 정승은 계란에도 뼈가 있다.**
  운수가 나쁜 사람은 뜻하지 않은 방해물이 있게 된다.
  → 아니 되는 놈은 두부에도 뼈라.

- **부뚜막의 소금도 집어넣어야 짜다.**
  아무리 손쉬운 일이라도 실제로 하지 않으면 성과가 없다.
  → 가마솥의 콩도 삶아야 먹는다.

- **빈 수레가 요란하다.**
  내용이 알차지 못한 것이 잘난척 떠든다는 말
  → 물은 깊을수록 소리가 없다.

📝 엄마와 선생님이 도와 주는 논술 교실

5장_ 제목짓기

제목을 짓는 일은 어렵지만 매우 중요한 작업이랍니다. 그래서 중·고등학생의 논술에서도 빠지지 않는 문제이지요. 왜냐하면 제목에는 그 글의 주제가 함축적으로 들어 있기 때문입니다. 이것을 반대로 생각하면 제목에는 아무리 긴 글이라도 주제를 포함하도록 지어야 합니다. 물론 제목에 주제가 드러나 있지 않은 경우도 있습니다. 예를 들면 주인공의 이름으로 제목을 짓는 경우라 할지라도 반드시 주제와 깊은 연관을 맺고 있습니다. 특히 이 이야기는 관련되는 속담으로 제목을 지어야 합니다. 그러기 위해서는 첫째, 정독을 해야 합니다. 글을 정확하게 읽어야 한다는 것이지요. 둘째, 핵심 내용을 파악해야 합니다. 즉, 이 이야기가 어떤 교훈을 주려고 하는지 알아야 한다는 것입니다. 특히 속담 중에서도 유사한 것이 많으니 주의하며, 이야기의 정곡을 찌를 수 있는 속담을 찾아 내야 합니다.

23 개똥밭에서 인물 난다

한 청년 장수가 적장에게 쫓기고 있었습니다. 군사들은 모두 죽임을 당하거나 포로로 잡혀갔습니다.

청년 장수는 겨우 싸움터를 빠져 나와 도망치기 시작했습니다.

"청년 장수를 잡아라! 청년 장수의 목을 베어야 한다!"

가 적장의 군사들이 청년 장수를 쫓아왔습니다. 적군이 쏘는 화살이 청년 장수에게로 빗발쳤습니다.

청년 장수는 필사적으로 도망쳤습니다.

청년 장수가 도망친 곳은 허허벌판으로 숨을 곳이 없었습니다.

"큰일이로다. 이젠 어찌한단 말인가?"

청년 장수는 가슴이 철렁 내려앉았습니다. 말은 지쳤고 숨을 곳도 없으니 꼼짝없이 적군에게 잡힐 것만 같았습니다.

청년 장수는 재빨리 사방을 둘러보았습니다. 그런데 그 때 청년 장수의 눈에 한 노인이 보였습니다. 노인은 아무도 없는 들판에서 홀로 개똥밭을 갈고 있었습니다. 급한 김에 청년 장수는 노인에게로 달려갔습니다.

"이보시오, 지금 나는 쫓기고 있소. 제발 나를 좀 숨겨 주시오. 은혜는 잊지 않겠소."

"당신이 누군지도 모르는데 내가 어떻게 숨겨 준단 말이오?"

"노인, 제발 부탁입니다. 뒷날 이 은혜는 꼭 갚을 것이오!"

청년 장수의 말에 노인은 잠시 머뭇거렸습니다. 노인이 망설이는 데에는 다 이유가 있었습니다. 자칫하다가는 자신도 적군에게 죽임을 당할 수도 있었기 때문이었습니다.

그런데 노인이 갑자기 소를 몰던 채찍을 높이 치켜들고는 땅바닥을 내리치며 외쳤습니다.

"아, 하늘이여! 쫓기고 있는 청년 장수를 숨겨 주어야 한다면 바로 이 개똥밭을 석 자 세 치의 깊이로 파 주십시오."

바로 그 때였습니다. 멀쩡하던 개똥밭이 노인의 채찍질에 쩍쩍 갈라지면서 사람 하나가 간신히 들어갈 만한 구덩이가 생기는 것이었습니다.

"자, 어서 이리 들어가 숨으시오."

노인은 구덩이를 가리키며 말했습니다. 청년 장수는 재빨리 구덩이 안으로 뛰어들어갔습니다.

얼마 후, 적군이 들이닥쳤습니다. 적군은 험악한 표정을 지으며 노인에게 다가왔습니다.

노인은 적군에게 쫓기는 청년 장수를 숨겨 주었어요. 청년 장수는 후에 노인에게 은혜를 갚으려고 하겠지요? 이 글에서 '은혜'라는 단어는 아주 중요해요. '은혜'라는 말이 들어가게 이 글의 제목을 만들어 보세요.

"이보시오. 방금 전에 청년 장수 하나가 이리로 도망을 왔는데 혹시 보지 못하셨소?"

"음, 보긴 보았소. 하지만 말을 버리고 저 쪽으로 뛰어가더군요."

노인은 전혀 엉뚱한 방향을 가리키며 말했습니다. 그러자 적군은 노인이 가리킨 방향으로 급히 말을 몰았습니다.

"정말 고맙소. 이 은혜는 죽을 때까지 잊지 않겠소."

적군이 사라진 뒤 청년 장수는 땅 속에서 나와 노인에게 말했습니다. 노인의 도움으로 청년 장수는 목숨을 건질 수 있었습니다.

4 그리고 많은 세월이 흘렀습니다. 청년 장수는 다시 군사를 모아 적장과 싸웠습니다. 이번에는 청년 장수가 이겼고, 그는 곧 중국의 황제가 되었습니다.

황제가 된 청년 장수는 자신의 목숨을 구해 주었던 노인을 찾았습니다. 그러나 노인은 이미 죽은 뒤였습니다.

"아뿔싸!"

청년 장수는 몹시 아쉬웠습니다. 하지만 청년 장수는 노인의 은혜를 잊을 수가 없었습니다. 청년 장수는 노인을 만났던 그 개똥밭에 노인을 위한 사당을 세워 주었습니다.

이 때부터 사람들은 "개똥밭에서 인물 난다."라는 말을 사용하게 되었습니다. 왜 아니겠습니까? 그 보잘것없는 개똥밭 땅 속에 숨었던 청년 장수가 황제가 되었으니 말입니다.

01 (가) 단락을 읽고, 다음 질문에 대답해 보세요.

   1. 이 내용과 어울리는 사자성어에는 어떤 것이 있을까요?

      예) 진퇴양난

   2. 청년은 이러지도 저러지도 못하는 상황에 빠졌어요. 앞으로 어떤 이야기가 전개될지 이 부분만 읽고 예측해 보세요.

02 (나) 단락을 읽고, 다음 질문에 대답해 보세요.

   1. 이 이야기처럼 어려움을 극복하고 왕이나 높은 벼슬을 한 인물들을 찾아보고, 어떻게 위기를 극복했는지 알아보세요.

   2. 노인이 만약 살아 있었다면 이 부분의 이야기가 어떻게 바꼈을지 예측해서 써 보세요.

03 이 글 전체에 어울리는 제목을 지어보세요.

04 이 이야기를 원고지 한 장 분량으로 요약해 보세요.

05 내용 파악을 위한 문제
    1. 노인이 처음에 청년 장수를 숨겨 주기를 꺼렸던 이유는 무엇인가요?

    2. 청년 장수는 어떻게 왕이 될 수 있었을까요?

24 구관이 명관

어느 마을에 어리숙한 원님이 살았습니다.
어느 날, 한 농부가 찾아와 원님 앞에 무릎을 꿇고 말했습니다.
"사또, 어젯밤 저희 집에 도둑이 들었사온데 이 무지막지한 놈들이 모든 재산을 훔쳐갔사옵니다. 부디 이 도둑을 잡아 주소서."
"뭣이? 그 동안 너희 가족들은 무엇을 했느냐?"
"너무나 더워 문을 열어 둔 채 잠을 자고 있었사옵니다."
"그럼, 그 도둑의 얼굴을 아느냐?"
"전혀 알지 못하옵니다. 사또 부디 이 도둑을 잡아 주시옵소서."
"뭣이? 네 이놈! 네놈도 잠을 자고 있었으면서 날 보고 도둑을 잡아 달라는 말이냐? 어서 썩 돌아가지 못할까?"
"네? 그게 무슨 말씀이옵니까?"
농부는 자신이 잘못 들은 것

같아 다시 물었습니다. 원님이라면 마땅히
도둑을 잡아 주어야 한다고 생각했기
때문에 오히려 꾸짖으며
돌아가라는 원님의 말을
이해할 수 없었습니다.
그러나 원님은 다시 한 번 농부에게
분명히 말했습니다.
"이놈아! 내 말도 못 알아듣는
걸 보니, 도둑의 발자국
소리는 들었을 턱이
없겠구나. 어서 돌아가지 못할까!"
농부는 하는 수 없이 집으로 돌아와야 했습니다.
사실 원님은 도둑을 잡을 자신이 없었습니다. 아무런 단서도 없어 보였기
때문에 이야기를 더 들어보지도 않고 농부를 쫓아 버렸던 것입니다.
농부는 몹시 억울하고, 원님이 원망스러웠습니다.
그로부터 몇 년이 지났습니다. 농부를 쫓아 냈던 원님이 다른 고을로
떠나고 농부의 마을에는 새 원님이 부임해 왔습니다.
농부는 새 원님에게 찾아가 자신의 억울함을 호소했습니다.
"사또, 몇 년 전 저희 집에 도둑이 들었사온데 재산을 모두
훔쳐갔사옵니다. 부디 이 도둑을 잡아 주시옵소서."
새 원님은 무언가 다르리라는 생각으로 농부는 간절하게 말했습니다.

과연 새 원님은 전에 원님과는 달랐습니다. 한동안 무언가 골똘히 생각하는 듯 고개를 갸웃거렸습니다.

그러나 원님은 농부의 말에 아주 씁쓸한 표정을 짓고는 오히려 농부에게 이렇게 물었습니다.

"이놈아! 너는 태어나서 지금까지 단 한 번도 도둑질을 해 본 적이 없더냐?"

"사또, 저는 지금까지 남의 재산에 손을 댄 적이 없사옵니다."

새 원님의 질문이 뜻밖이긴 했지만 농부는 당당하게 말했습니다.

그런데 웬일인지 새 원님은 더욱더 화를 냈습니다.

"뭣이! 그럼, 지금까지 밥풀 하나 훔쳐 먹은 적이 없단 말이냐?"

"사또, 그런 적 없사옵니다."

농부는 이번에도 단호하게 대답했습니다. 그러자 새 원님은 더욱더 이상한 소리를 했습니다.

"좋다, 그러면 지금 돌아가 너도 도둑질을 하거라."

"네? 무슨 말씀이시옵니까?"

농부는 자신의 귀를 의심하며 새 원님에게 되물었습니다. 그러자 새 원님은 별일 아니라는 듯이 말했습니다.

"이놈아! 너도 도둑질을 해서 네 물건을 찾으란 말이다. 내 말 무슨 말인지 모르겠느냐?"

"사또, 어찌 그런 일을……."

"싫으면 그만두거라. 그러면 너만 억울할 게 아니냐. 하지만 도둑질을 하려거든 반드시 네가 잃어버린 것만큼만 해야 하느니라. 조금이라도 덜 훔치거나 더 많이 훔쳐서도 안 된다. 알겠느냐?"

농부는 기가 막혔습니다. 도저히 새 원님의 말을 더 듣고 있을 수 없었습니다.

농부는 하는 수 없이 집으로 돌아왔습니다. 그러면서 농부는 혼자서 중얼거렸습니다.

'그래도 옛날 원님이 낫군.'

그 뒤부터 "구관이 명관"이라는 말이 나돌게 되었습니다.

하지만 이 말은 그리 좋은 뜻으로 사용되지 않았습니다. 예전의 그 원님도 농부의 고민을 해결해 주지는 못했으니 말입니다.

01 첫 번째 원님과 두 번째 원님을 비교해 보세요. 같은 사람인가요, 다른 사람인가요? 각각의 대답에 따라 그 이유를 설명해 보세요.

02 이야기의 뜻이 잘 전달되게 제목을 바꾼다면 어떻게 바꿀 수 있을까요?

03 "구관이 명관"이란 말을 말 그대로 해석하면 안 돼요. 왜 그럴까요?

04 내용 파악을 위한 문제

　　1. 첫 번째 원님은 농부에게 왜 화를 냈을까요?

　　2. 두 번째 원님은 왜 농부에게 남의 것을 훔치라고 했을까요?

속담풀이

- **뿌리 없는 나무에 잎이 필까.**
  뿌리가 없는 나무에 잎이 필 수 없다는 말이니, 원인이 없이는 결과가 있을 수 없다는 뜻
  → 아니 땐 굴뚝에 연기 날까.

- **사공이 많으면 배가 산으로 간다.**
  어떤 일을 진행하는 사람이 많으면 그 일을 잘 이룰 수 없다.
  → 목수가 많으면 집을 무너뜨린다.

- **살은 쏘고 주워도, 말은 하고 못 줍는다.**
  화살은 쏘고 나서 다시 주워 올 수 있으나, 말은 한 번 하면 다시 주워 거두기 어려우니, 말을 삼가라는 뜻
  → 말 한 마디에 천 냥 빚도 갚는다.

- **선무당이 마당 기울다 한다.**
  할 줄 모르는 사람일수록 핑계가 많다.
  → 선무당이 장고 탓한다.

- **세 살 적 버릇이 여든까지 간다.**
  어렸을 때부터 나쁜 버릇에 습관이 들지 않도록 잘 가르쳐야 한다.
  → 호박은 떡잎부터 좋아야 된다.

25 티끌 모아 태산

조선 시대 대신이었던 이항복의 어린 시절 이야기입니다.
항복이 살았던 마을엔 대장간이 하나 있었습니다. 대장간은 호기심 많은 아이들 눈에 신기한 것들이 많은 곳이었습니다. 그 근처엔 넓은 공터가 있어 마을 아이들은 틈만 나면 대장간으로 몰려가 놀았습니다.
"애들아, 이것 좀 봐!"
어느 날 항복은 대장간 근처에서 아이들과 놀다가 대장장이가 버린 쇳조각 하나를 주웠습니다.
"이걸로 뭘 만들었을까?"
"음, 숟가락, 아니면 곡괭이?"
"아니야, 말발굽을 만들었을 걸?"
아이들은 잠시 쇳조각을 보고 이 모양 저 모양 상상해 보더니 금방 잊고 다시 뛰어놀기 시작했습니다. 점심때가 되자 배가 고파진 아이들은 각자 집으로 돌아가고 항복도 쇳조각을 가지고 집으로 갔습니다.
"항복아, 네가 들고 있는 것이 무엇이냐?"
항복의 아버지는 쇳조각을 보고 물었습니다.
"대장간 근처에서 놀다가 주웠어요."

"너는 하라는 공부는 하지 않고 그런 쇳조각이나 들고 다니며 놀기만 하는 거냐? 당장 내다 버리거라!"
항복이 내민 쇳조각을 본 아버지는 매일 밖에 나가 놀기만 하는 항복을 꾸짖으셨습니다.
아버지께 혼이 난 항복은 방문을 열고 쇳조각을 밖으로 던졌습니다.
쇳조각은 댓돌에 소리를 내며 떨어졌습니다.
"이게 무슨 소리냐?"
쇳조각 소리를 듣고 어머니께서 나오셨습니다.
"네, 어머니. 대장장이가 버린 쓸모 없는 쇳조각입니다."
"어디 가져와 보거라."
항복은 댓돌에 떨어진 쇳조각을 주워 어머니께 드렸습니다.

"항복아, 네 눈에는 이것이 쓸모 없게 보이느냐? 이 어미 눈에는 그렇지 않구나. 이것으로 송곳을 만들 수도 있겠고, 못을 만들면 수십 개는 만들겠구나. 또 탄환도 만들 수 있을 것 같으니 얼마나 쓸모 있는 것이냐. 잘 간직해 두어라."

어머니는 쇳조각을 항복에게 다시 건네 주었습니다. 쇳조각을 받은 항복은 어머니의 말씀이 무슨 뜻인지 알 수 있었습니다. 그 후로 항복은 대장간 근처에서 놀다가 크고 작은 쇳조각들을 발견하는 대로 집에 가져왔습니다. 그렇게 하여 3년 동안 모여진 쇳조각이 큰 항아리로 세 항아리나 되었습니다.

그 때쯤, 이 마을 대장장이는 열심히 일은 하지 않고 술과 노름에 빠져 살았습니다. 그러더니 결국 많은 빚을 지고 밑천까지 다 날려 결국 거지 신세가 되고 말았습니다.

어느 날, 항복은 장터 한쪽 구석에서 쭈그리고 잠이든 대장장이를 보았습니다. 그 모습을 보니 항복은 문득 떠오르는 생각이 있었습니다.

'아하, 그래 그게 좋겠다.'

항복은 그길로 한달음에 집으로 달려가 세 항아리 속의 쇳조각들을

모두 주머니에 옮겨 담았습니다.
"항복아, 그 쇳조각들을 어쩌려고 그러느냐?"
항복의 모습을 지켜보던 어머니께서 물으셨습니다.
"대장간 아저씨께 갖다 주려구요. 이 정도면 대장간 일을 다시 시작할 수 있을까요?"
항복은 근심어린 표정으로 어머니를 올려 보았습니다.
"그래, 할 수 있겠구나. 정말 좋은 생각을 했구나."
어머니는 어린 항복이가 너무나 대견스러웠습니다. 어머니는 하인들을 시켜 쇳조각을 대장장이에게 갖다 주게 했습니다.
"도련님, 어떻게 이걸 다 모으셨어요? 그저 쓸모가 없다고 생각해서 버린 건데……."
"아저씨, 이걸로 다시 일을 할 수 있지요?"
"그럼요, 있고말고요. 도련님, 이제는 도련님의 은혜를 생각해서라도

술도 노름도 끊고 열심히 살겠습니다. 그래서 다시 대장간을
일으키겠습니다. 정말 고맙습니다. 도련님이 저를 살리셨네요."
쇳조각을 받은 대장장이는 감격에 목이 메었습니다. 그 때부터 대장장이는
항복이 준 쇳조각을 가지고 열심히 일했습니다. 그래서 그 전보다 훨씬 더
좋은 농기구들을 만들어 냈습니다. 그 마을뿐만 아니라 다른 마을
사람들까지 소문을 듣고 그 대장간을 찾아왔습니다. 대장간은 전보다
더 잘 되어 대장장이는 잘 살 수 있었습니다.
마을 사람들은 항복이 쇳조각을 한 개 두 개 모아 세 항아리를 만든 일을
오랫동안 이야기했습니다.
"참으로 신통한 도련님이셔."
"그러게요, "티끌 모아 태산"이라더니 티끌이 모여 대장장이를 살렸네요."
이 때부터 아무리 작은 것이라도 쌓이고 쌓이면 큰 덩어리가 된다는
의미로 "티끌 모아 태산"이란 말을 사용했다고 합니다.

01 이 글에서 아버지와 어머니의 성격이 어떻게 다른지 비교해서 설명해 보세요.

02 이 글 전체에 어울리는 제목을 지어 보세요.

03 다음과 같은 4단계로 이 이야기를 원고지 3장으로 요약해 보세요.

> 1단계 : 처음 쇳조각을 발견했을 때
> 2단계 : 아버지가 쇳조각을 보았을 때
> 3단계 : 어머니가 쇳조각을 보았을 때
> 4단계 : 쇳조각이 세 항아리 모아졌을 때

04 내용 파악을 위한 문제
   1. 아버지는 항복이에게 왜 화를 냈을까요?

   2. 항복이는 왜 쇳조각을 모았나요?

5장 제목짓기 **173**

26 제 버릇 개 못 준다

'벌써 십 년째 며느리 감을 구하고 있는데 아직도 감감 무소식이니…….'
밤이 늦도록 아들 장가 보낼 생각에 잠을 이루지 못하는 원님이
있었습니다. 나이 서른에 얻은 아들 하나가 장가 갈 나이가 훌쩍
넘었는데도 제 짝을 찾지 못하니 그저 속만 탈 뿐이었습니다.
'허긴, 누가 아들놈 얼굴 보면 시집 오겠다고 나서겠어. 아이고, 속 터져.'
원님 입에서는 긴 한숨이 저절로 나왔습니다. 원님의 아들은 어렸을 때
한쪽 눈을 다쳐 애꾸 눈인데다가 얼굴까지 얼기설기 얽어 누구도 두 번
다시 보고 싶어 하지 않는 모습을 하고 있었던 것입니다. 그래서 원님은
아들이 열서너 살이 되었을 때부터 여기저기 매파(중매쟁이)들을 보내어
며느릿감을 찾았지만 아무런 소용이 없었습니다.
'이러다간 장가도 못 보내고 손도 잇지 못하겠어. 무슨 수를 써야지.'
밤새도록 고민을 거듭한 원님은 다음 날 아침이 밝자마자 나졸들을 모두
동헌으로 불러모았습니다.
"너희들은 이길로 밖에 나가 내 아들과 혼인 시킬 색시감을 데리고 와라!"
"네? 무슨 말씀이신지."
이른 아침에 무작정 불려 나와 원님의 불같은 호령을 들은 나졸들은

어리둥절하기만 하였습니다.

"지금 당장 나가서 색시감을 데려오라는데 뭘 꾸물대고 있는 거냐? 만약 데려오지 못하는 자는 내 그 목을 벨 것이니라!"

나졸들은 원님의 어이없는 호통에 놀라 무작정 거리로 나왔습니다. 그러나 색시감이 물건이라면 어디 가서 사기라도 하겠지만 그럴 수도 없는 일이고 난감하기만 했습니다.

"내 이 생활 5년째지만 이런 명령은 처음이네."

"누가 아니래나. 툭 하면 목청 높이고 호통치기 좋아한다지만 갑자기 색시감을 구해 오라는 것은 말도 안 되지. 게다가 목까지 치겠다니 대체

이런 경우가 어디 있나?"
나졸들은 서로 머리를 맞대고 색시감을 구할 방법을 생각해 보았지만 역시 뾰족한 수가 떠오르지 않았습니다. 원님의 명령이 떨어진 지 열흘이 지났지만 원님 앞에 나타나는 나졸은 한 명도 없었습니다. 목을 베겠다던 원님이 무서워 감히 돌아올 생각도 못 하는 것이었습니다.

그러던 어느 날 약삭빠르고 배짱 좋은 나졸 한 명이 원님 집을 향하고 있었습니다.

'언제까지 이렇게 거리를 헤매고 다닐 수는 없지. 오늘은 결판을 내야겠어.'

나졸은 마음을 굳게 먹었습니다. 드디어 원님 집에 도착한 나졸은 힘차게 대문을 박차고 들어섰습니다.

"어서 오너라. 그래 너는 색시감을 구했느냐?"

원님은 나졸을 보자 금세 얼굴이 환해지면서 반갑게 맞이하였습니다.

"그럼요, 구했지요."

"오호, 그래 어서 말해 보거라."

색시감을 구했다는 말에 원님은 기분이 좋아 웃음이 저절로 나왔습니다.

"제가 원님의 분부를 받들고자 사방팔방 색시감을 찾아다니다가 드디어 총명하고, 지혜롭고, 아름답기까지 한 색시감을 찾았지요. 그런데 그 처녀가 한 가지 청이 있다고 했습니다."
나졸은 여기까지 말하고 원님의 눈치를 살폈습니다.
"청이라니 그것이 무엇이냐? 어서 말하거라!"
원님의 재촉에 나졸은 계속 말을 이었습니다.
"그 처녀 말이, 이제 시집을 가게 되면 삼엄한 시댁 식구들 눈치 속에서 죽어라 일만 해야 하는데 만약 시아버지 되시는 분이 호통치기를 좋아하신다면 내가 기가 죽어 어떻게 견딜 수 있겠느냐며, 먼저 시아버지 되실 분의 호통치는 버릇을 개에게 떼어 주면 그 때 내가 그 집으로 시집을 가겠다고 말했습니다."

나졸의 말을 들은 원님은 별일 아니라는 듯이 말했습니다.
"그게 뭐 어려운 일이라고, 내 오늘부터 호통치는 버릇은 개에게 뚝 떼어 줄 테니까 걱정하지 말라고 일러라."
"네, 그럼 그렇게 전하겠습니다."
나졸은 원님의 대답을 듣고

숙였던 고개를 번쩍 들었습니다. 그리고 일어나 허리를 쭉 펴더니 그 앞으로 건들건들거리며 걸어 나갔습니다.

"아니, 저런 고얀 놈이 있나! 감히 누구 앞에서 머리통을 빳빳이 쳐들고 건들거리는 것이냐! 썩 와서 무릎을 꿇지 못할까?"

원님은 금방 자신이 한 말은 싹 잊어버리고 대뜸 벼락같은 호통을 쳤습니다. 그 소리에 다시 원님 앞에 와서 무릎을 꿇은 나졸은 이렇게 말했습니다.

"원님, 그 호통치는 버릇을 개에게 떼 주기 어려우시죠? 며느님이 없기가 천만다행입니다. 만약 며느리 앞에서 이렇게 호통을 치시면 며느님의 간이 온전히 붙어 있겠습니까?"

"아니, 이놈이! 내가 언제 호통을 쳤단 말이냐?"

"지금도 호통을 치고 계시잖습니까? 아무래도 호통치는 버릇을 개에게 떼 주기는 어려울 듯싶습니다. 정말 아까운 색시감인데……. 그럼 저는 이만 물러가겠습니다."

나졸은 남몰래 입가에 미소를 지으며 그 자리를 나왔습니다.

이 일이 있은 후부터 "제 버릇 개 못 준다."라는 속담이 생겨났다고 합니다.

01 이 글 전체에 맞는 제목을 지어 보세요.

02 개와 관련된 속담을 아는 대로 써 보세요. 이 중 두 개를 골라 이 속담이 들어가는 짧은 글을 지어 보세요.

예 개팔자가 상팔자 → 우리는 더운 여름에도 열심히 공부해야 하는데, 그늘 아래서 늘어지게 낮잠을 자는 강아지를 보니, "개팔자가 상팔자"라는 생각이 들었다.

1.
2.

03 내용 파악을 위한 문제
1. 사또는 나졸들을 왜 다 내쫓았을까요?

2. 며느리를 보기 위해 나졸은 사또에게 어떻게 해야 한다고 했나요?

27 저 먹자니 싫고 남 주자니 아깝다…

조선 말엽 뇌물 받기를 무척 좋아하는 대감이 살았습니다. 그래서 그의 집에 있는 창고에는 여기저기서 들어온 금, 은, 짐승의 가죽, 비단을 비롯한 각종 옷감, 각 지방의 특산물까지 없는 게 없을 정도로 가득 채워져 있었습니다. 그가 집에 돌아와서 제일 먼저 하는 일은 뇌물 창고를 둘러보는 것이었습니다.

"허허, 이번에는 지난 달보다 물건들이 좋지 못하군."

"오늘은 어떤 물건들이 들어왔을까?"

대감에겐 창고에 쌓여 있는 뇌물들을 둘러보는 것이 유일한 기쁨이자 즐거움이었습니다. 아무리 힘들고 피곤해도, 그것들을 보고 있으면 마음이 뿌듯해지고 나빴던 기분도 좋아졌습니다.

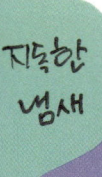
지독한 냄새

그러나 뇌물 중에는 썩기 쉬운 어패류나 생선류 같은 것들도 있었습니다. 특히 더운 여름엔 하룻밤만 지나도 썩기 시작해서 금세 온 집안에 냄새를 풍기곤 했습니다.

그러던 어느 날 대감이 집으로 돌아오자 하인 하나가 대감 앞에 나섰습니다.

"대감마님, 어제 들어온 문어나 오징어, 물명태들이 조금 있으면 상해서 버려야 할 것 같은데 집에서 반찬으로 만드는 것이 어떠한지요?"

"나보고 그런 보잘것 없는 것들을 먹으란 말이냐!"

대감은 어이없다는 표정으로 하인을 쳐다보았습니다.

"그러시면 차라리 이웃들에게 나누어 주는 것이 좋을 듯합니다만……."

"네 이놈! 내 물건을 갖고 네가 이래라저래라 하는 거냐? 아무도 창고의 물건엔 손가락 하나 대지 말거라!"

대감은 화를 벌컥 내며 이렇게 호통을 치는 것이었습니다. 그 뒤로는 하인들도 더 이상 아무 말도 하지 못했습니다. 그러나 시간이 흐르고 날씨가 더워지자 창고에 있는 특산물들은 점점 더 썩어갔습니다.

특히 생선들은 지독한 냄새를 풍기며 아주 빠르게 썩었습니다.

하인들은 하루 종일 그 냄새를 맡고 살자니 견딜 수가 없었습니다. 그래서 참다 못한 하인 하나가 또다시 대감께 아뢰었습니다.

"대감마님, 며칠 전에 들어온 생선이 몹시 썩어 이제 밖에 내다 버려야 하겠습니다."

"뭣이! 생선을 버리겠다고? 그 생선이 네 생선이더냐? 네 이놈! 이런 고얀 놈! 내 집안에 들어온 물건은 썩든 말든 내 것이거늘. 감히 갖다 버리겠다고? 내 집에 들어온 것은 절대로 내 집 밖으로 못 나가느니라! 어느 놈이든 또 한 번만 이런 소리를 늘어놓으면 그 땐 그 놈을 가만두지 않을 것이다!"

서슬 퍼런 대감의 명령에 하인은 물론이고 집안 식구들까지도 뇌물에 대해서는 입도 뻥긋 못 했습니다. 그러자 뇌물은 썩을 대로 썩어 냄새가 온 집안에 진동하고 구더기가 득실거리고 파리가 꼬였습니다. 하인들과 식구들은 모두 코를 싸매고 다녔지만 대감이 무서워 누구 하나 거기에 대한 말도 꺼내지 못했습니다.

일이 이쯤 되자, 고을 사람들은 그 대감 집을 지나갈 때면 모두 냄새 때문에 코를 막고는 한 마디씩 비웃고 지나갔습니다.

"흥! 저 먹자니 싫고, 남 주자니 아깝지?"

이 소문이 퍼져 사람들 사이에 "저 먹자니 싫고 남 주자니 아깝다."라는 말이 퍼지게 되었습니다. 그래서 그 때부터 자기에게는 필요하지 않으면서도 남 주기는 아까워하는 욕심 많은 사람들을 비웃을 때 이 말을 쓰게 되었습니다.

01 이 글에 어울리는 제목을 지어 보세요.

02 이 글을 읽고 주인공(대감)의 성격이 어떤지 말해 보세요. 또한 이러한 사람에게 어울릴 만한 단어들을 말해 보세요.(예 구두쇠) 그리고 그 단어로 2개 이상의 문장을 만들어 보세요.

03 내용 파악을 위한 문제

1. 대감의 집에선 왜 고약한 냄새가 나게 됐나요?

2. 이야기를 읽고 "저 먹자니 싫고 남 주자니 아깝다."에서 '저'와 '남'은 누구를 가르키는지 찾아보세요.

엄마와 선생님이 도와 주는 논술 교실

6장 _ 논리적으로 설명하기

옳고 그름을 논리적으로 설명하라는 질문은 중·고등학교 논술 시험에도 가장 많이 나오는 유형의 문제이기도 합니다. 논술이란 바로 논리적 서술이니까요. 옳고 그름을 논리적으로 설명하기 위해서는 다음과 같은 점을 먼저 명심해야 합니다. 첫째, 옳고 그름 중에서 특히 옳은 쪽보다는 그릇된 주인공의 행동을 문제삼는 경우가 더 많습니다. 둘째, 주인공의 그릇된 행위를 논리적으로 설명하기 위해서는 최초의 원인부터 알아 내야 합니다. 셋째, 그릇된 행위의 경과를 주의 깊게 보아야 합니다. 특히 거짓말과 거짓 행동이 반복되는 경우가 많은데, 아무리 많이 반복되더라도 간략하게 요약하여 정리할 필요가 있습니다. 넷째, 그릇된 행동을 하는 주인공의 결말을 유심히 살펴보세요. 특히 전래동화에서는 '권선징악'이라고 하여 그릇된 행동을 하는 주인공이 벌을 받는 경우가 많이 있습니다.

28 남의 눈에 눈물 나게 하면 내 눈에는 피눈물이 난다……

　숲 속의 임금 호랑이 밑엔 늑대, 곰, 사자가 재상의 벼슬을 하고 있었습니다. 곰과 사자는 호랑이 임금에게 충성을 아끼지 않았습니다. 하지만 늑대는 늘 음흉한 생각을 가지고 있었습니다.
　'음, 어떻게 해서든지 저 호랑이 놈을 내쫓고 내가 왕이 되어야 할 텐데……. 무슨 방법이 없을까?'
　늑대는 늘 어떻게 하면 호랑이를 없앨 수 있을지를 궁리했습니다.
　그러던 어느 날 늑대에게 아주 좋은 생각이 떠올랐습니다. 늑대는 바로 호랑이를 찾아갔습니다.
　"호랑이 대왕님, 드릴 말씀이 있사옵니다. 다름이 아니오라 오늘은 대왕님께서 앉아 계신 그 의자에 대해서 한 말씀드릴까 하옵니다."
　"허허, 이 의자가 어때서 그런 말을 하는 게요?"

　주인공의 행위가 그릇되었음을 설명하는 첫 단추는 최초의 원인에서부터 찾아 내야 합니다. 이 부분이 늑대의 그릇된 행동의 원인이 되는 곳입니다. 그 최초의 원인으로 인해 그릇된 행동이 꼬리에 꼬리를 물고 일어나는 것입니다.

"대왕님은 모든 짐승의 왕이신데 의자가 너무 초라하옵니다. 더 화려하고 근엄한 장식을 하는 것이 좋을 줄로 아옵니다."

"아니, 무엇으로 장식을 한단 말이오?"

늑대가 무슨 꿍꿍이를 가지고 있는지 알 턱이 없는 호랑이는 진지하게 되물었습니다. 그러자 늑대가 기다렸다는 듯이 대답했습니다.

"제가 언젠가 이웃 나라에 가 보았는데 이웃 나라의 임금님은 대왕님의 그 멋진 가죽을 벗겨 의자에 깔아 놓고 앉아 계셨습니다."

"이 가죽을 말이오?"

"네, 인간들도 높은 사람들은 대왕님의 가죽을 벗겨서 그걸 깔고 앉는다고 합니다. 높은 분이 아니면 감히 대왕님의 가죽은 구경도 못 하옵니다."

"하지만 어떻게 이 가죽을 벗긴단 말이오? 가죽을 벗기면 내가 죽질 않소? 더구나 가죽을 벗길 때 얼마나 아프겠소."

참으로 어이없는 말이라고 생각한 호랑이는 걱정스럽게 되물었습니다.

"하하하, 너무 염려하지 마십시오. 제게 좋은 방법이 있습니다. 이웃 나라에서 가지고 온 아주 신비한 약초가 있사온데 그것을 갈아서 마시고 나면 하나도 아프지 않게 가죽을 벗길 수가 있사옵니다."

"허허, 그게 정말이오?"

"그렇사옵니다. 지금 그 약을 여우 의사가 가지고 있습니다. 대왕님, 여우 의사를 불러올까요?"

"좋소. 어서 불러오시오."

호랑이의 말이 떨어지자마자 늑대는 재빨리 달려 나가 여우 의사를 불러

왔습니다. 여우 의사는 커다란 왕진 가방을 들고 호랑이 앞에 섰습니다.

"여우 의사, 그대에게 가죽을 벗겨도 아프지 않게 하는 약이 있다는데 사실이오?"

"네, 저에겐 아주 신비한 약이 하나 있사옵니다."

여우는 늑대와 눈짓을 하고는 그렇게 대답했습니다. 그러나 속으로는 호랑이를 비웃었습니다.

'미련한 호랑이 놈, 가죽을 벗기고도 살아남을 짐승이 어디에 있겠느냐.'

그런데 그 때였습니다. 호랑이가 늑대와 여우에게 말했습니다.

"그렇지만 난 아무래도 겁이 난단 말이요. 아주 아플 것 같아서 말이오."

"하하, 염려 마십시오. 이 약을 먹고 나면 하나도 아프지 않을 것입니다."

여우가 파란색의 약병을 호랑이 앞에 내놓으며 말했습니다.

"좋소. 그렇다면 먼저 늑대 재상의 가죽부터 벗겨 봅시다. 하나도 아프지 않다니 늑대 대상이 먼저 하고 나면 나도 곧 따라서 하겠소."

"네? 제가 먼저요?"

늑대는 새파랗게 질리며 되물었습니다.

거짓말은 보통 또 다른 거짓말을 만들어 내게 됩니다. 그 거짓말의 연속이 바로 늑대를 그릇된 행동을 하는 주인공으로 만드는 과정들이 됩니다. 이런 행동을 적절히 나열해서 설명해 주고, "~ 그리하여 늑대의 행위는 그릇되었다고 할 수 있다."라고 말할 수 있어야 합니다.

"무얼 그리 놀라시오. 하나도 아프지 않다고 했잖소. 늑대 재상은 신하된 자로써 그것도 못 한단 말이오? 당연히 늑대 재상이 먼저 말을 꺼냈으니 먼저 시범을 보여야 할 것 아니오?"

"하지만 임금님, 제 가죽을 벗겨서 무엇에 쓰겠습니까?"

어떻게든 위기를 모면하기 위해 늑대가 말했습니다. 그러나 호랑이는 딱 잘라 말했습니다.

"듣기 싫소! 여우 의사, 어서 늑대 재상에게 그 약을 먹이고 가죽을 벗기시오. 만약 그래도 못 하겠다면, 이 호랑이 대왕을 놀린 죄로 늑대 재상과 여우 의사를 당장 사형에 처하겠소."

호랑이의 말에 늑대는 바들바들 떨었습니다. 공연한 꾀를 내놓았다가 이제 자신이 더 큰 봉변을 당하게 된 것입니다.

"아이고, 죽을죄를 지었사옵니다. 한 번만 용서해 주시옵소서."

늑대는 엎드려 빌었습니다. 그러자 호랑이가 다시 한 번 소리쳤습니다.

"네 이놈! 남의 눈에 눈물 나게 하면 내 눈에는 피눈물이 나는 법이다. 감히 얕은 꾀로 임금을 우롱하려 들다니. 또다시 이와 같은 짓을 했다가는 죽음을 면치 못하리라."

호랑이의 말이 숲 속에 쩌렁쩌렁 울렸습니다. 늑대는 아무 말도 못 하고 엎드려 눈물만 흘렸습니다.

속담풀이

- **소경 잠자나 마나**
  무엇을 하고 있기는 하나 가만히 있는 것과 같게 보인다.
  → 귀머거리 귀 있으나 마나

- **소 잃고 외양간 고친다.**
  이미 일을 그르치고 난 뒤 뉘우쳐도 소용이 없다.
  → 늦은 밥 먹고 파장(罷場) 간다.

- **쌈짓돈이 주머니 돈**
  1. 어디에 있건 임자가 같다.
  2. 한 가족끼리는 재산을 구태여 가릴 것 없다.
  → 절 양식이 중 양식

- **아니 땐 굴뚝에 연기 날까.**
  실제로 그 비슷한 일이 있었기 때문에 그런 말이 난다.
  → 아니 때린 장구 북소리 날까.

- **어물전 망신은 꼴뚜기가 시킨다.**
  어물전은 생선 파는 가게, 꼴뚜기는 낙지과에 속하는 연체 동물로 축소판 낙지, 그래서 볼품이 없다.
  → 생선 망신 꼴뚜기가 시킨다.

01 주인공의 거짓말을 순서대로 정리해 보세요.

⬇

⬇

02 표에서 정리한 내용을 글로 옮기고 늑대의 행동이 그릇되었음을 논리적으로 설명해 보세요.

03 여우와 늑대가 주인공이 되는 전래동화를 얼마나 알고 있나요? 알고 있는 동화 중 하나만 선택하여 그 줄거리를 간략하게 요약해 보세요.

04 여러분은 늑대처럼 자기 꾀에 자기가 넘어갔던 적이 없나요? 여러분의 경험을 글로 써 보세요.

05 내용 파악을 위한 문제

   1. 늑대는 왜 호랑이에게 가죽을 벗겨 의자를 만들라고 했나요?

   2. 호랑이는 처음에 늑대의 말을 정말 믿었을까요?

29 네 쓸개와 내 사향

"우리 아이가 병이 나고 말았답니다. 누가 도와 줄 분 없으세요?"
산 속 마을에 사향노루가 다른 짐승들의 집을 찾아다니며 말했습니다.
그러나 다른 짐승들은 그 병의 원인을 알 수가 없어서 절래절래 고개만 저었습니다.
그러던 어느 날, 산양이 사향노루를 찾아와 말했습니다.
"이보게, 사향노루. 자네 아이의 병을 고치는 데에는 곰의 쓸개가 좋다더군. 그것을 구해서 먹여 보게."
사향노루는 그길로 곰에게 달려갔습니다.
마침 곰은 일곱 마리나 되는 새끼에게 줄 먹이를 준비하고 있었습니다.
"곰님, 부탁드릴 게 있어서 왔습니다. 지금 제 아이가 병에 걸렸는데, 곰님의 쓸개를 먹으면 나을 수 있다고 합니다. 제발 곰님의 쓸개를 조금만 떼어 주시겠습니까?"
그 말을 들은 곰은 기가 막혔습니다.
"자네는 내 쓸개가 어디에 있는 것인지나 알고 그런 말을 하는가?"
"글쎄요. 그건 잘 모르겠지만……."
"허허, 쓸개는 내 뱃속에 있네. 자네에게 쓸개를 주려면 내 배를 갈라야

한단 말일세."

"그럼, 배를 가르면 되지요. 하하하."

곰의 말에 사향노루는 아무렇지도 않다는 듯 말했습니다. 곰은 기가 막힐 노릇이었습니다. 곰은 화가 난 목소리로 사향노루에게 말했습니다.

"그러다가 내가 죽기라도 한다면 내 아이들은 자네가 키워 줄 텐가?"

"그까짓 쓸개 좀 주었다고 나에게 일곱이나 되는 새끼를 맡기려는 건가요? 그것 참 치사한 일이군요."

"뭐, 뭐야? 어서 썩 꺼지지 못해!"

곰은 버럭 소리를 질렀습니다. 사향노루는 깜짝 놀라 곰의 집에서 뛰어나왔습니다. 하지만 불만이 가득한 표정이었습니다.

"흥! 인정머리 없는 곰 같으니라구. 그까짓 배 좀 가르면 어때서……."

사향노루는 투덜거리면서 집으로 돌아왔습니다.

그런데 그 날 저녁, 오소리가 사향노루를 찾아왔습니다.

"사향노루님, 부탁이 있어서 왔습니다. 실은 제 딸아이가 가슴앓이를 심하게 하는데, 그 병이 나으려면 사향노루님의 사향이 필요하다더군요. 그래서 사향을 좀 떼어 주실 수 없나 해서요."

그 말을 듣는 순간, 사향노루는 깜짝 놀랐습니다.

"뭐라고? 내 사향이 어디에 있는 것인지나 알고서 하는 말이냐?"

"그런 건 모르지만 그까짓 것 조금만 떼어 주면 안 되나요?"

"이놈아! 사향은 내 배꼽에 달린 것이란 말이야! 그것을 떼어 내려면 얼마나 아픈지 알아? 어서 썩 물러가지 못해!"

사향노루는 소리를 빽 질렀습니다. 그러자 오소리가 비웃듯 말했습니다.

"흥! 자네는 아까 곰에게 배를 가르고 쓸개를 달라고 하고선, 배꼽 옆에 붙은 사향 좀 달라는데 뭘 그리 화를 내나?"

"그, 그거야……."

사향노루는 아무 말도 하지 못했습니다. 비로소 자신이 곰에게 무슨 잘못을 했는지 깨달았으니까요.

01 곰과 사향노루는 똑같은 일을 경험했습니다. 각각 어떤 일인지 말해 보세요.

곰	
사향노루	

02 사향노루의 행위가 그릇되었다고 생각하는 이유를 설명해 보세요.

03 내용 파악을 위한 문제

    1. 사향노루는 왜 곰에게 쓸개를 달라고 했나요?

    2. 오소리는 왜 사향노루를 비웃었나요?

6장 논리적으로 설명하기

30 남의 밥그릇이 더 커 보인다

옛날에 두 사돈이 고개 하나를 사이에 두고 살았습니다. 고개 넘어 살고 있는 최씨 사돈은 가진 것이 많아 풍족하게 살면서도 욕심이 많고 자기밖에 모르는 사람이었습니다.

그러던 어느 날이었습니다. 이쪽 편에 살고 있는 박씨 사돈이 시집 간 딸을 보기 위해서 고개를 넘어 최씨 사돈집에 왔습니다.

"애야, 그 동안 잘 있었느냐?"

"아버님, 잠시만 기다려 주세요. 제가 따뜻한 점심상을 봐오겠습니다."

오랜만에 친정 아버지를 만난 딸은 얼른 닭 한 마리를 잡아 맛있게 백숙을 끓여 점심을 내왔습니다. 두 사돈은 밥상을 마주하고 앉았습니다.

"사돈, 수저를 들기 전에 잠시 볼일 좀 보고 오겠습니다."

박씨 사돈이 잠깐 밖에 나간 사이 최씨 사돈이 밥상을 살펴보니 자기 것보다 사돈 것이 더 풍성해 보였습니다.

'친정 아버지라고 내 것보다 국을 더 많이 떴군!'

최씨 사돈은 박씨 사돈이 들어오기 전에 얼른 자기 국그릇과 사돈의 국그릇을 바꿔 놓았습니다. 잠시 후 박씨 사돈이 들어와 점심을 먹기 시작했습니다. 최씨 사돈은 닭 국물을 홀짝이며 곁눈질로 박씨 사돈의 국그릇을 쳐다보았습니다. 박씨 사돈의 수저가 국그릇에 들어갔다 나올 때마다 허연 살코기가 수저에 가득가득 담겨 있는 것이었습니다.
'이런 이 국그릇에 뼈다귀만 들어 있을 줄이야.'
최씨 사돈은 후회의 눈빛으로 맛있게 고기를 먹고 있는 박씨 사돈을 바라보았습니다.
그리고 또 며칠이 지났습니다. 이번에는 최씨 사돈이 볼일을 보러 고개를 넘었다가 박씨 사돈집에 들르게 되었습니다. 박씨 사돈은 반갑게 최씨 사돈을 맞으며 살이 통통하게 오른 닭 한 마리를 잡아 내왔습니다.
두 사람은 각각 닭고기가 담긴 국그릇을 앞에 두고 앉았습니다.

'분명해. 분명히 저쪽 국그릇이 더 커.'
똑같은 크기의 그릇이건만 최씨 사돈 눈에는 박씨 사돈의 국그릇이 더 커 보였습니다.
'지난번 일도 있고 하니 다시 한 번 살펴봐야지.'
최씨 사돈은 지난번 공연히 국그릇을 바꿔 손해 본 일이 생각나 다시 유심히 박씨 사돈 국그릇과 자신의 국그릇을 비교해 보았습니다.
'틀림없어. 아무리 봐도 저쪽 국그릇이 더 커.'
최씨 사돈이 이런 생각을 골똘히 하고 있을 때 마침 박씨 사돈이 기침이 나오자 잠시 뒤돌아 앉았습니다.
'옳지, 이 때다!'
최씨 사돈은 얼른 국그릇을 바꿔치기 했습니다.
"아이고, 이거 죄송합니다. 요즘 감기에 걸려서요. 자 어서 드시지요."

박씨 사돈은 밥상 앞에서 기침한 것이 죄송하여 정중히 사과를 했습니다.
"무슨 말씀을요. 아닙니다. 사돈도 어서 드시지요."
최씨 사돈은 수저를 국그릇으로 옮기며 알 듯 모를 듯한 미소를 지었습니다. 그러나 몇 번 수저질을 한 최씨 사돈의 얼굴이 금방 일그러지고 말았습니다. 고기가 가득 들어 있을 줄 알았던 그릇에는 닭 뼈만 잔뜩 들어 있었던 것입니다.

'이런! 나 혼자 약은 척하다 또 손해를 보았군.'
최씨 사돈은 속으로 가슴을 쳤지만 소용없는 일이었습니다.
첫 번째 최씨 사돈집에서는 시아버지의 욕심을 잘 아는 며느리가 시아버지가 국그릇을 분명히 바꿀 것을 알고 친정 아버지 국그릇에 뼈만 넣은 꾀를 내었던 것이었고, 두 번째 박씨 사돈집에서는 모처럼 사돈집에 온 최씨 사돈을 귀하게 대접하기 위해 최씨 사돈의 국그릇에 닭고기를 듬뿍 넣은 것인데 최씨 사돈의 욕심 때문에 닭 뼈밖에 못 먹게 된 것이었습니다.
이 때부터 이기적이고 욕심이 많아 똑같은 물건도 남의 것이 더 좋아 보일 때 "남의 밥그릇이 더 커 보인다."라는 말을 쓰게 되었습니다.

01 이 이야기에서 최씨 사돈은 두 번이나 그릇을 바꿔치기 합니다. 첫 번째 이유와 두 번째 이유를 각각 써 보세요.

첫 번째 이유	두 번째 이유

02 '사돈'은 어떤 가족관계를 말하는 것일까요?

03 '나'를 중심으로 우리 가족의 가족관계표를 그려 보세요.

04 내용 파악을 위한 문제
　1. 딸은 왜 맨 처음 아버지의 국그릇에 뼈만 담았던 걸까요?

　2. 최씨 사돈은 왜 계속 뼈밖에 없는 닭고기국을 먹게 되었을까요?

속담풀이

- **약도 지나치면 해롭다.**
  아무리 좋은 것일지라도 지나치게 많이 사용하면 도리어 해가 된다.
  → 좋은 것도 잘못 쓰면 해가 된다.

- **양반은 물에 빠져도 개헤엄은 안 한다.**
  아무리 위급해도 체면을 더 생각한다.
  → 양반은 안 먹어도 긴 트림

- **약빠른 고양이 밤눈 어둡다.**
  지나치게 영리하면 제 꾀에 넘어가, 실수를 할 때가 있다.
  → 약빠른 고양이 앞을 못 본다.

- **언 발에 오줌 누기**
  일시적 효과는 있으나 곧 해로운 결과를 초래하게 되는 것
  → 아랫돌 꺼내 위에 괴기

- **열 번 찍어 안 넘어 가는 나무 없다.**
  계속해서 노력하면 기어이 뜻대로 이룬다는 뜻
  → 지성이면 감천이다.

31 꿀 먹은 벙어리라

"정말 너는 네가 크다고 생각하니?"

"그럼, 너는 내가 작다는 거니?"

이웃에 사는 개미와 두꺼비가 서로 자신이 더 크다며 다투고 있었습니다.

"개미야, 지금 나는 눈도 깜박이지 못하고 있어. 눈을 한 번 감았다 뜨면 네가 어디 있는지 못 찾을까봐. 그래도 네가 크다고 우길 거니?"

두꺼비는 큰 눈을 치켜뜨고 개미를 뚫어지게 쳐다보며 말했습니다.

"네가 아무리 그래도 나는 너보다 작지 않다구."

개미는 조금도 물러서지 않고 끝까지 자기가 두꺼비만큼 크다고 우겼습니다. 그들의 다툼은 끝날 줄을 모르고 저녁까지 이어졌습니다.

"잠깐만, 나 볼일 보고 올 테니까 기다리고 있어."

두꺼비는 잠깐 볼일을 보러 숲 속으로 들어갔습니다. 그 때 할아버지가 손녀딸을 데리고 그 앞을 지나가고 있었습니다.

"할아버지, 이 개미 좀 보세요. 통통하게 살찐 것이 꼭 우리 집 황소 같아요!"

손녀딸이 개미를 보고 이렇게 말했습니다.

"오호, 그렇구나."

숲 속에서 볼일을
보고 나오던 두꺼비가 이 말을 들었습니다.
'개미가 황소만 하다구? 그렇다면 나는?'
두꺼비는 일부러 할아버지와 손녀 앞으로 펄쩍 뛰며 나타났습니다.
"와! 할아버지, 이 두꺼비도 굉장히 커요!"
"그래, 이 녀석도 덩치가 크구나. 옆집 누렁이만 한데?"
옆에서 그 이야기를 듣고 있던 개미는 가는 허리를 꼿꼿이 세우고
두꺼비에게 다가왔습니다.
"잘 들었지? 너는 겨우 누렁이만 하다고 했지만 나는 황소만 하다고 했어.
이래도 내가 너보다 작니?"
두꺼비는 너무나 어이가 없었습니다. 자신이 개미보다 훨씬 크다는 것을
알고 있지만 하도 기가 막혀 꿀 먹은 벙어리처럼 아무 말도 할 수
없었습니다. 이 때부터 두꺼비처럼 당연한
말조차 하지 못하고 있는 사람을 볼 때
"꿀 먹은 벙어리"라는 말을 쓰게
되었답니다.

01 '개미가 두꺼비보다 더 크다' 이 말을 옳다고 생각하고, 이 글에서 그 이유를 논리적으로 설명해 보세요.

02 〈보기〉에서처럼 '~만 하다'라는 말이 들어가도록 짧은 글짓기를 3개 이상 해 보세요.

> 보 기
> "잘 들었지? 너는 겨우 누렁이만 하다고 했지만 나는 황소만 하다고 했어. 이래도 내가 너보다 작니?"

03 내용 파악을 위한 문제

1. 손녀는 왜 개미를 황소만 하다고 하고, 할아버지는 두꺼비를 개미만 하다고 했을까요?

2. 자신이 두꺼비라고 생각하고 개미에게 자신이 더 크다는 것을 설명해 보세요.

속담풀이

- **입이 여럿이면 금도 녹인다.**
  1. 여론은 그만큼 무섭다.
  2. 사람이 힘을 합하면 안 될 일이 없다.
  → 세 사람이 우겨 대면 없는 호랑이도 만들어 낼 수 있다.

- **자라에 물린 사람 소댕 보고 놀란다.**
  무엇에 한번 놀라면 그와 모습이 비슷한 것만 보아도 찔끔 놀란다.
  → 더위먹은 소 달만 보아도 헐떡인다.

- **작아도 후추 알이다.**
  작아도 하는 행동은 맹랑하다.
  → 작은 고추가 맵다.

- **참깨가 기니 짧으니 한다.**
  비슷비슷한 데서 굳이 잘 잘못이나 크고 작음을 가리려고 한다.
  → 도토리 키 재기

- **천릿길도 한 걸음부터**
  서둘지 말고, 천천히 시작하라.
  → 급할수록 돌아가라.

32 포수집 강아지 범 무서운 줄 모른다

'나는 이 세상에서 무서운 게 하나도 없어.'
태어난 지 얼마 안 된 포수네 집 강아지는 죽은 사자의 꼬리를 물어
당기며 신나게 놀고 있었습니다.
'이것 봐 내가 사자 꼬리를 물어 당겨도 꼼짝도 안 하잖아. 이번에는
호랑이의 귀를 좀 물어볼까?'
그리고는 죽은 호랑이 곁으로 가서는 귀를 잘근잘근 씹으며
즐거워했습니다.
포수집 강아지는 세상에 나와 눈을 뜨면서부터 본 것이 사자, 호랑이, 곰,
여우들이었습니다. 포수가 잡아 온 짐승들은 늘 강아지의
놀이감이었습니다. 그러다 보니 강아지는 세상에 무서운 것이

없었습니다.
포수와 함께 밖에 나갈 때는 포수의 어깨에 올라앉아 마치 자기가 포수인양 우쭐해했습니다.

"얘들아, 어제 옆 마을에 호랑이가 나타나서 마을에 짐승들을 모두 잡아먹었대."
"우리 마을에도 나타나면 어떡하지?"
"아이, 그런 소리 하지 마! 말만 들어도 끔찍해."
마을의 다른 강아지나 고양이들은 모이기만 하면 호랑이 이야기를 하며 벌벌 떨었습니다. 그러나 포수집 강아지만은 걱정이 없었습니다.
'쳇, 호랑이가 뭐가 그렇게 무섭다고 난리들이야. 난 걱정 없어. 난 포수집 강아지인걸!'
강아지는 무섭다고 잔뜩 겁을 먹고 있는 친구들이 우습게 여겨졌습니다.
'언젠가 내 실력을 보여 줄 때가 있겠지.'
강아지는 언젠가 친구들 앞에서 자신이 얼마나 강하고 센지 보여 줘야겠다고 벼르고 있었습니다.
그 날은 그리 오래 걸리지 않았습니다. 며칠 후 강아지와 친구들이 숲 속에서 장난을 치며 신나게 놀고 있는데 다급한 목소리가 들렸습니다.
"호, 호랑이다! 호랑이가 나타났다!"
다른 동물들은 이 소리에 놀라 제각기 숲 속 여기저기에 몸을

숨겼습니다. 그러나 강아지는 몸을 숨기기는커녕 오히려 그 자리에 우뚝
서서 호랑이를 기다렸습니다.
'마침 잘 됐다. 드디어 기회가 왔구나.'
"어흥!"
잠시 후, 호랑이가 모습을 드러냈습니다. 강아지는 천지를 뒤흔드는
호랑이 소리에 귀가 멍멍해져 한동안 정신을 차릴 수가 없었습니다.
강아지가 매일 본 것은 죽은 호랑이었으니 태어나 처음 듣는
소리였습니다. 강아지는 순간 속으로 깜짝 놀랐지만 숲 속 어디에선가
자기를 보고 있을 친구들 생각에 태연한 척 버티고 서 있었습니다.
얼마간의 시간이 지났는데도 호랑이가 자기를 못 보고 있자 강아지는
호랑이 앞으로 달려가 '멍멍멍' 하고 짖어 댔습니다.
강아지의 짖는 소리는 호랑이에게 앵앵거리는 소리로밖에 안 들렸습니다.
간신히 강아지의 소리를 들은 호랑이는 주위를 두리번거리며
살펴보았습니다. 그러나 강아지의 모습이 어찌나 작은지 쉽게 찾을 수가
없었습니다. 한참을 두리번거려서야 발 밑에서 이리 뛰고 저리 뛰는
강아지를 겨우 찾을 수 있었습니다.

'세상에 저렇게 작은 놈은 처음일세. 그런데 왜 내 발 아래서 팔짝팔짝 뛰는 거야? 한 끼 식사거리도 안 되는 놈이. 아이고, 귀찮아.'
호랑이는 강아지가 하는 짓이 가소롭고 어이가 없어 거들떠보지도 않고 그 자리를 떠났습니다.
호랑이가 떠나고 나자 강아지는 호랑이가 자신이 무서워 도망갔다고 생각했습니다.
"거봐, 호랑이도 나를 무서워하잖아! 내가 몇 번 짖으니까 꼼짝도 못 하지? 소리만 컸지 아무것도 아니라니까."
어느새 숨어 있던 친구들이 강아지를 에워싸고 부러운 눈으로 바라보았습니다. 그 후부터 강아지는 더욱 으스대며 다녔습니다.
그로부터 며칠이 지난 어느 날이었습니다.
"이번에도 아랫마을에 그 때 그 호랑이가 또 나타나서 닭이랑 병아리랑 다 잡아먹었대."
"안 되겠군. 이번에는 단단히 혼을 내야겠어."
강아지는 친구들의 말을 듣고 자기를 따르는 몇몇 동물 친구들을 데리고 호랑이를 혼내 주려고 찾아 나섰습니다. 강아지와 그 친구들은 숲 속 여기저기를 헤매다가 나무 그늘에서 잠을 자고 있는 호랑이를 발견했습니다. 강아지는 얼른 호랑이에게 달려가 호랑이의 귀를 물어뜯었습니다.

"아니, 누가 이렇게 귀찮게 해!"
호랑이는 눈을 뜨고 앞에서 왔다갔다 하고 있는 강아지를 보았습니다.
"너는 지난번에 보았던 그 놈이구나. 지난번에는 봐주었지만
또 한 번 나를 귀찮게 하면 그 때는 가만두지 않을 거야!"
호랑이는 강아지에게 마지막 경고를 하고 다시 잠에 빠져들었습니다.
"뭐? 나를 가만두지 않겠다고? 이놈이 아직 내가 누군지 모르는
모양이지? 포수집 강아지인 나를 몰라보다니."
강아지는 자기를 앞에 두고 너무나 태연하게 코를 골며 자고 있는
호랑이를 보니 화가 머리 끝까지 치솟았습니다.
"이놈이 포수집 강아지인 내 앞에서 감히 코까지 골아?"
강아지는 다시 호랑이에게 달려들어 귀며, 코며, 마구 물어 댔습니다.
"정말 귀찮아서 안 되겠군. 내가 경고했지? 어흥! 꿀꺽."
호랑이는 반쯤 누운 채로 입을 한 번 쩍 벌리더니 단숨에 강아지를 꿀꺽
삼켜 버렸습니다. 그리고 아무 일도 없었다는 듯 다시 눈을 감고 코를
골았습니다. 강아지와 같이 갔던 동물들은 멀리서 그 모습을 지켜보고는
그길로 한달음에 마을로 내려왔습니다.
이 때부터 자기보다 덩치가 크고 힘이 센 사람 앞에서 겁 없이 행동할 때
"포수집 강아지 범 무서운 줄 모른다."라는 말을 쓰게 되었습니다.

01 포수집 강아지가 처음 호랑이와 맞닥뜨렸을 때, 호랑이는 왜 그 자리를 떠났을까요? 그 이유를 논리적으로 설명해 보세요.

02 여러분이 호랑이라면 강아지와 처음 마주쳤을 때 어떻게 생각했을지 그 상황을 상상하며 글을 써 보세요.

03 포수집 강아지의 오해는 이후에 어떤 결과를 초래하였는지 논리적으로 설명해 보세요.

04 내용 파악을 위한 문제
   1. 포수집 강아지는 왜 호랑이를 무서워하지 않게 됐을까요?

   2. 포수집 강아지에게 여러분이 해 줄 수 있는 충고에는 어떤 것이 있을 수 있을까요?

6장 논리적으로 설명하기 **211**

33 작작 먹고 가늘게 싸라

어느 마을에 최 서방이라는 사람이 있었습니다. 그는 매일 산에 가서 나무를 해다 장에 팔아 겨우 먹고 살았습니다. 한 끼니를 먹고 나면 다음 끼니를 걱정해야 할 정도로 어려운 살림이었습니다.

하루는 최 서방이 장에 가서 나무를 팔고 돌아오는 길이었습니다. 저만치 앞에 햇빛을 받아 반짝반짝 빛나는 것이 눈에 들어왔습니다. 한달음에 달려가 보니 그것은 생전 가져본 적이 없는 은젓가락이었습니다.

"이게 웬 떡이냐."

최 서방은 누가 볼세라 얼른 은젓가락을 집어 들고 서둘러 집으로 돌아왔습니다.

"어디 한 번 볼까?"

최 서방은 방문을 꼭 걸어 잠그고는 길에서 주은 은젓가락을 주머니에서 꺼냈습니다. 보기만 해도 마음이 흐뭇해졌습니다. 없는 살림에 값비싼 은젓가락을 갖는다는 것은 생각도 못할 일이었기 때문입니다.

'내게 이런 행운이 떨어지다니. 내가 이런 호강을 할 줄이야.'

최 서방은 신기한 듯 은젓가락을 쳐다보고 킥킥 웃고 또 쳐다보고 킥킥 웃고 하더니 불현듯 머리를 스치는 생각이 있었습니다.

'옳지! 내게 생각지도 않은 은젓가락이 생겼으니 이 기회에 나도 이걸 멋지게 써 봐야지.'
그는 얼른 부엌으로 나가 쌀을 씻어 밥을 지었습니다. 그런데 밥그릇을 꺼내려고 보니 모두 토기로 만든 것뿐이었습니다.

'이런, 은젓가락에 토기 그릇이라니 이건 짝이 너무 어울리지 않잖아.'

이렇게 생각한 최 서방은 쌀을 사고 남은 돈을 들고 장에 가서 새하얗고 반질반질한 사기 그릇을 사 왔습니다.

'자, 이제 슬슬 밥을 먹어 볼까?'
최 서방은 한껏 부푼 마음으로 은젓가락을 집어들었습니다.
그러나 이번엔 호박 된장국이 마음에 걸렸습니다.

'이렇게 좋은 은젓가락으로 겨우 호박 된장국이나 먹을 수 없지. 고기 반찬은 집어 올려야 격이 맞겠지?'

그러나 가난한 살림에

고기 살 돈이 있을 리가 없었습니다.

최 서방은 장롱을 뒤져 단 한 벌밖에 없는 나들이옷을 들고 장으로 가서 고기와 바꿨습니다. 집으로 돌아온 최 서방은 고기를 채 썰어 볶은 후, 은젓가락으로 기분 좋게 집어 먹으려 했습니다. 그러다 자기가 깔고 앉은 자리를 내려다보고는 기가 막혔습니다. 깔개가 군데군데 헤지고 찢겨 너덜너덜거렸습니다.

'번쩍번쩍 은젓가락에 너덜거리는 깔개라니. 안 되지 무엇이든 가지고 나가서 깔개를 바꿔 와야겠어.'

그는 장롱을 뒤져 보고 방 안을 살펴봤습니다. 그러나 방 안에 돈이 될 만한 물건이 없자 밖으로 나갔습니다. 마침 한쪽 구석에 세워져 있는 곡괭이가 보였습니다. 최 서방은 얼른 곡괭이를 들고는 장으로 가서 깔개 한 장과 바꿔 왔습니다. 새 깔개에 앉아 다시 밥을 먹던 최 서방은 아차 싶은 생각이 들었습니다.

"등잔 밑이 어둡다더니. 밥그릇을 바꾸고 고기 반찬을 먹고 새 깔개를 사면 뭐하나? 정작 내가 입고 있는 옷이 볼품 없는데……. 안 되겠다 어서 새 옷을 사 와야겠다."

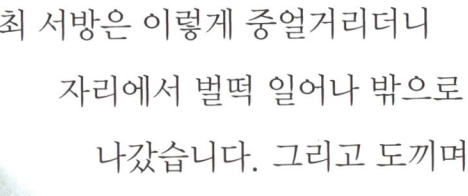

최 서방은 이렇게 중얼거리더니 자리에서 벌떡 일어나 밖으로 나갔습니다. 그리고 도끼며,

낫이며, 장도리며 할 것 없이 모두 지게에 담아 둘러메고는 장으로 달려갔습니다. 그리고 지게 채 통채로 팔아 새 옷을 샀습니다.

집에 돌아온 최 서방은 새 옷을 곱게 입고 밥상에 앉아 은젓가락으로 밥을 먹으니 밥맛이 꿀맛이요 밥알이 술술 잘도 넘어갔습니다.

다음 날, 최 서방은 산에 나무를 하러 가려는데 도끼도, 낫도, 장도리도, 지게까지도 보이지 않았습니다. 그제야 최 서방은 어제 자신이 무슨 짓을 저질렀는지 깨달았습니다.

"아이고, 세상에 내가 무슨 짓을 한 거야! 내 주제도 모르고 허세만 부리다 이제 굶어 죽게 생겼네! 내 형편에 맞게 작작 먹고 가는 똥을 싸야 하는 건데. 아이고!"

최 서방은 이렇게 탄식하며 자신의 어리석음에 가슴을 쳤습니다.

이 때부터 아무 것도 없는 형편에 쓸데없이 욕심을 부리는 사람들에게 "작작 먹고 가늘게 싸라."라는 말을 사용했습니다. 자기 처지에 맞지 않은 허세를 부리게 되면 꼭 후회할 일이 생기고 어려운 일을 겪게 되기 때문입니다.

01 다음 단락의 글을 읽고 "등잔 밑이 어둡다."라는 속담의 뜻을 설명해 보세요.

> 그는 장롱을 뒤져 보고 방 안을 살펴봤습니다. 방 안에 돈이 될 만한 물건이 없자 밖으로 나갔습니다. 마침 한쪽 구석에 세워져 있는 곡괭이가 보였습니다. 최서방은 얼른 곡괭이를 들고는 장으로 가서 깔개 한 장과 바꿔 왔습니다. 그는 새 깔개에 앉아 다시 밥을 먹다가 아차 싶은 생각이 들었습니다.
> "등잔 밑이 어둡다더니. 밥그릇을 바꾸고 고기 반찬을 먹고 새 깔개를 사면 뭐하나? 정작 내가 입고 있는 옷이 볼품 없는데……. 안 되겠다 어서 새 옷을 사 와야겠다."

02 최 서방이 사고 바꾼 것들을 열거하면서 줄거리를 만들어 보세요.

03 내용 파악을 위한 문제

1. 여러분이 만약 최 서방처럼 귀한 은젓가락을 발견한다면 어떻게 할 건가요?

2. "욕심은 또 다른 욕심을 부른다."라는 말이 있습니다. 이 이야기와 연관지어 설명해 보세요.

속담풀이

- **치 위에 치가 있다.**
  잘난 사람이 있으면, 그보다 더 잘난 사람이 있다.
  → 뛰는 놈 위에 나는 놈 있다.

- **친 손자는 걸리고 외손자는 업고 간다.**
  더 사랑할 때는 덜 사랑하고, 덜 사랑할 때는 더 사랑한다는 뜻으로, 즉 일을 거꾸로 한다.
  → 미운 놈 떡 하나 더 준다.

- **콩 심은 데 콩 나고 팥 심은 데 팥 난다.**
  모든 일은 원인에 따라 결과가 생긴다.
  → 가시나무에 가시 난다.

- **콩으로 메주를 쑨다 해도 곧이듣지 않는다.**
  평소에 거짓말을 잘 하는 사람의 말은 참말을 해도 사람들이 믿지 않는다.
  → 소금으로 장을 담근다 해도 곧이 듣지 않는다.

- **하늘 보고 주먹질한다.**
  아무 소용 없는 일을 한다.
  → 계란으로 바위 치기

34. 욕심이 사람을 죽인다

옛날 어느 산골에 작은 암자를 지키는 스님이 있었습니다. 하루는 그 스님이 양식을 구하려고 돈 두 냥을 가지고 장터에 가게 되었습니다. 스님은 쌀가게를 찾느라고 장터 이곳저곳을 돌아다니다가 쓰레기더미에서 이상한 것을 발견했습니다. 그것은 보기에도 묵직해 보이는 커다란 자루였습니다.

'허허, 이것이 무엇일까? 쓰레기 같지는 않는데.'

스님은 쓰레기더미에서 자루를 꺼내어 풀어 보았습니다.

'아니 이건?'

스님은 자루 속에 든 물건을 보고 깜짝 놀랐습니다. 자루 속에는 은돈이 들어 있었는데 세어 보니 모두 이백 냥이었습니다.

'세상에는 이렇게 많은 돈도 있구나.'

스님은 생전 처음 보는 큰돈에 놀라
눈이 둥그렇게 커졌지만 이내
걱정이 생겼습니다.
'이 돈을 잃어 버린 사람은
얼마나 속이 탈까?'
스님은 돈을 잃어 버리고
애태우고 있을 사람을
생각해서 잠시 쌀 사는 일은
접어두고 돈의 주인을 먼저 찾아
주기로 했습니다. 스님은 자루를 어깨에 둘러매고
온 장터를 헤매고 다녔습니다.

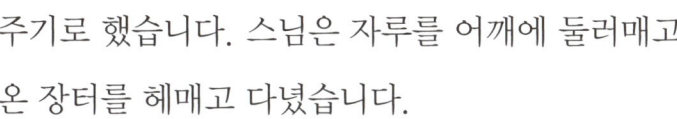

그러다가 저만치서 무언가를 찾으며 두리번거리는 소 장수를
보았습니다.
'저 사람도 무언가 잃어 버린 모양인데 혹시 이 돈의 주인이 아닐까?'
스님은 서둘러서 소 장수에게 갔습니다.
"여보시오. 뭘 찾는 것 같은데 무엇을 잃어 버렸소?"
"아이고 말도 마십시오. 오늘 내가 황소 두 마리를 사려고 돈 사백 냥을
가지고 와서는 이백 냥을 주고 이놈 한 마리를 사고는 적당한 소가
없길래 나머지 이백 냥이 든 돈자루를 이놈 등에 묶어 놓았는데
아, 글쎄 얼마쯤 가다 보니 돈자루가 없지 뭡니까? 어디에 떨어뜨린
건지 도둑을 맞은 건지 큰일났습니다."

소 장수는 얼마나 놀랐는지 얼굴이 백지장처럼 창백해져 있었습니다. 소 장수의 말을 들은 스님은 돈 주인을 제대로 만났다는 생각에 기뻐하며 돈자루를 어깨에서 내렸습니다.

"여기 당신이 잃어 버린 돈 이백 냥이오."

스님은 이렇게 말하면서 돈자루에 같이 넣어 두었던 자신의 돈 두 냥을 꺼낸 다음 돌려주었습니다. 돈자루를 찾게 되어 안심이 되자 소 장수는 스님의 돈 두 냥이 탐났습니다.

"여보시오, 스님."

소 장수는 돌아서 가려는 스님을 불렀습니다.

"그런데 왜 내 돈 주머니에서 두 냥을 꺼내는 것이오."

"아, 이것은 소승의 돈입니다. 제가 잠시 넣어 두었던 것입니다."

스님은 소 장수에게 차근차근 설명해 주었습니다.

"스님, 큰일낼 분이십니다. 남의 돈을 가져가면서 자기 돈이라니요?"

"잃어 버린 돈이 이백 냥이라고 하지 않으셨소? 한번 세어 보시지요. 틀림없는 이백 냥일겁니다."

"아니오, 소 살 돈만 이백 냥이고 내가 용돈으로 쓸 돈 두 냥도 함께 들어 있었소. 그러니 그 돈도 내 것이니

이리 내시오."

스님은 너무도 억울했습니다. 두 냥은 쌀을 사려고 가지고 온 자신의 돈이라고 아무리 이야기를 해도 소 장수는 막무가내로 자기 돈이니 내놓으라고 했습니다. 그래서 결국 두 사람은 고을 원님을 찾아갔습니다.

원님은 두 사람의 이야기를 다 듣고 먼저 스님에게 물었습니다.

"그대가 주운 돈자루는 분명히 이백 냥이었소?"

"네, 틀림없습니다. 제가 세 번이나 세어 보았는걸요."

"음, 그리고 그 두 냥은 분명 쌀 살 돈이라고 했겠다!"

"그럼요, 물론이지요."

원님은 이번에는 소 장수에게 물었습니다.

"너는 잃어 버린 돈이 이백 냥하고도 두 냥이라고?"

"예, 제 돈자루에는 틀림없이 이백 냥하고도 두 냥이 더 들어 있었습니다."

"틀림없는 사실이렷다!"

원님은 다시 한 번 소 장수에게 물었습니다.

"제가 감히 어떻게 거짓을 말씀드리겠습니까?"

원님은 소 장수의 말이 떨어지자마자 위엄 있는 목소리로 판결을 내렸습니다.

"스님과 소 장수는 들거라! 소 장수가 잃어 버린 돈자루에는 이백두 냥이 들어 있다고 했는데 스님이 주운 돈자루에는 이백 냥밖에 없으니 이것은 소 장수의 것이 아니다. 그러니 이 돈자루는 스님이 가지고 있다가 이백 냥을 잃어 버린 주인이 나타나면 그 때 돌려주도록 하거라. 그리고 소 장수는 다시 가서 잃어 버린 돈자루를 찾도록 하라!"

원님의 판결이 떨어지는 순간 소 장수는 가슴이 무너져 내리는 것 같았습니다. 겨우 두 냥을 가지려고 탐내다가 이백 냥이나 되는 큰돈을 순식간에 잃고 만 것입니다. 소 장수는 원님이 물러나자마자 가슴을 치며 길바닥에 주저앉았습니다.

"아이고, 이 일을 어쩌나. 내가 미쳤지."

소 장수는 몇 시간이고 그 자리에서 대성통곡을 하더니 결국 쓰러지고 말았습니다. 그리고 오랫동안 일어날 줄을 몰랐습니다. 그 모습을 옆에서 지켜보던 사람들은 저마다 한 마디씩 했습니다.

"쯧쯧, 욕심이 사람을 죽이네."

이 때부터 작은 것까지 얻으려고 너무 지나치게 욕심을 부리어 결국 내게 있는 가장 큰 것, 가장 소중한 것을 잃는 경우에 "욕심이 사람 죽인다."라는 말을 쓰게 되었답니다.

01 이 글의 주제를 생각해 보고, "욕심을 부려서는 안 된다."라는 주제를 갖는 주장글을 써 보세요.

02 스님과 같이 억울한 상황에 처했을 때 논리적으로 스님의 결백을 주장해 보세요.

03 사또의 판결에 대해 자신의 생각을 써 보세요.

04 내용 파악을 위한 문제
    1. 사또는 왜 돈자루가 소 장수의 것이 아니라고 했나요?

    2. 소 장수는 왜 돈자루를 찾고도 가질 수 없었을까요?